# A psicanálise em tempos de tecnocultura: aporias em um novo tempo

HUDSON A. R. BONOMO

Prefácio: Prof. Dr. Sergio Aguiar de Medeiros

Revisão: Marcos Mauro Rodrigues

1ª Edição

Rio de Janeiro



ISBN: 978-17-981158-8-6

# DEDICATÓRIA

"Nous croyons penser avec notre cerveau.
Moi, je pense avec mes pieds, c'est là seulement que je rencontre quelque chose de dur; parfois, je pense avec les peauciers du front, quand je me cogne. J'ai vu assez d'électro-encéphalogrammes pour savoir qu'il n'y a pas ombre d'une pensée." (LACAN, 1975)

Tradução:
"Nós acreditamos que pensamos com nosso cérebro. Eu penso com meus pés, é só lá que encontro algo consistente; às vezes penso com as rugas da testa, quando eu me bato. Eu vi muitos eletroencefalogramas para saber que não há sombra de um pensamento."

# CONTEÚDO

# AGRADECIMENTOS

À minha amada esposa Erica, que esteve ao meu lado em todos os momentos neste vasto investimento em minha paixão: a psicanálise. Pela compreensão por minha ausência em muitos momentos e pelo papel de leitura, incentivo, divulgação e construção de um novo tempo em minha vida. Sem você seria impossível ter conseguido.

À minha família, pelo apoio nesta jornada cheia de obstáculos. Aos meus amigos, que torcem por mim em todos os meus investimentos principalmente à Alexandre Santos, pelas muitas conversas sobre tecnologia. A todos que me acolheram na psicanálise, até hoje. Em especial, ao falecido amigo e professor Rômulo Vicira Telles, que me fez ler Freud antes de seus comentadores.

À Profa. Dra. Alexandra Vianna (Universidade Santa Úrsula), por me acolher em um momento decisivo em minha vida. À Tatiana Porto, Marisa Siggelkow Guimarães, Claudia de Moraes Rego, Olga Maria M. C. de Souza Soubbotnik e Maria Vilma Seabra Louro (Escola Letra Freudiana), por me receberem tão bem.

Ao Prof. Dr. Ricardo Salztrager, por me apresentar autores como Latour, Mafesoli e Virilio em seu curso "Memória e Diferença", no programa de Memória Social, da Universidade Federal do Estado do Rio de Janeiro (UNIRIO).

Ao Prof. Dr. Sergio Aguiar de Medeiros, por aceitar fazer o prefácio, por me dar a liberdade que nem cheguei a pedir, mas que foi imediatamente acolhida durante sua orientação no projeto final de minha Especialização em Teoria e Clínica Psicanalítica na Universidade Santa Úrsula que gerou este livro. Por suas indicações de leitura, pela sua capacidade de acreditar no novo, por amar a psicanálise e por me apoiar em todos os meus momentos como seu aluno nos últimos dois anos.

Aos meus professores, analistas e supervisores, que, desde 2003, participam do meu percurso na psicanálise. Um agradecimento especial ao meu psicanalista Rômulo Ballesté Marques dos Santos, pelo suporte neste período, quando estive elaborando este texto.

Aos meus colegas de Especialização em Teoria e Clínica Psicanalítica da Universidade Santa Úrsula, por trabalharem comigo neste tempo que jamais esquecerei. Aos meus pares da Escola Letra Freudiana, que me ensinam, o ano todo, muito sobre o que escrevi.

Agradeço a todos os analisandos da clínica do SPA que pude atender neste período de pós-graduação. À querida Sra. Maria dos Remédios Barbosa por todo o carinho que presta à clínica do SPA da Universidade Santa Úrsula, palavras de incentivo e o cafezinho de sempre — você é a alma do SPA, sempre vou guardá-la em meu coração.

Aos analisandos do meu consultório particular, por trazerem suas questões e me provocarem a continuar estudando para melhor ouvi-los e a desejar escrever este texto, neste assunto que é caro a eles.

# PREFÁCIO

*Wo es war sol ich werden*
[onde era o isso o eu advirá].

Com essas palavras Freud marcou seu texto que nos apresentou a segunda tópica sobre a estrutura do aparelho psíquico. Podemos pensar que o criador da Psicanálise tinha em mente a expansão do Ego sobre a rebeldia das pulsões. Podemos, no entanto, tomar a afirmação como uma consideração acerca da possibilidade otimista da capacidade simbolizadora do Eu, sua faculdade de dar sentido ao inefável criando significados ao inescrutável e produzindo uma *alma* para o corpo.

Parece mesmo ser este o percurso da libido, que a partir do corpo real e sua excitação, atravessa as dimensões do imaginário e do simbólico criando objetos representativos que se recomendam como destino da pulsão.

Mas se é de sua dimensão corporal que o sujeito retira a energia de sua capacidade criativa, é também no corpo que se originam as possíveis dificuldades que pesam e limitam as altitudes pretendidas pela criatividade do voo desejante.

Talvez possamos afirmar que desde de tempos imemoriais, quando o humano rompeu com sua origem na natureza, que buscamos superar as amarras do corpo e sua dimensão finita e castrada.

Em "O Mal Estar na Civilização", Freud já o havia situado como uma das três fontes do sofrimento humano. Com intuito de escapar desta condição e reparar a ferida narcísica de nossa finitude, produzimos a noção de perfeição e a partir dela elaboramos um ideal para nosso Eu. E, em nossa condição mais adoecida e projetiva, atribuímos esta criação a uma alteridade completa, perfeita e infinita. Entretanto, nem sempre as respostas disponibilizadas pela cultura satisfizeram... Nestes casos a arte ofereceu contornos mais satisfatórios, ou prazerosos para desenharmos os contornos da sublimação reparadora da castração.

É nesse mundo imaterial que desenhamos as asas da imaginação que nos libertarão do labirinto onde se aprisionou o instinto primitivo do animal hibrido, que tal como um *Minotauro*, nos serve como metáfora de lugar de origem de nossa criação.

O mundo virtual surge então como *locus* ideal, como uma representação do paraíso perdido, onde nossa existência não conhecia a fome, a dor, a doença e a morte. Vivíamos no gozo eterno da perfeição da vida imaculada ao lado do Criador.

Nas mídias sociais, um neologismo possível a partir da tecnocultura, podemos ser e viver da forma que desejarmos...ou melhor, da forma que nossa interpretação do desejo do Outro nos recomenda. E parece residir aí a especificidade do mundo virtual. No antigo mundo real existia claramente uma alteridade a descrevê-lo e a nos apresentar o nosso lugar.

As narrativas da ciência, da religião e as contestações que à essas narrativas eram construídas, serviam como um rio caudaloso pelo qual navegávamos em direção à foz. Ora nos deixando levar, ora remando contra a corrente ou mesmo nos rebelando contra a opressão das margens pelas quais buscávamos nos transbordar.

O mundo virtual é um oceano sem rumo entrecortado pelas correntes do *Big Data* onde o sujeito navega entusiasmado sem saber se é o vento que empurra suas velas na direção que seu leme aponta ou, se é a corrente do *Data Exhaust* que puxa seu barco para o rodamoinho da repetição de seus desejos passados que retornam como um novo destino *fake*.

Mas Colombo e os grandes descobridores também não conheciam os mares em que navegavam, muito menos onde chegariam...

É na perspectiva de desenhar uma cartografia desse mundo, descrever seus elementos constitutivos, mapear suas correntes e especular sobre as vicissitudes do viver nesse não-lugar que essa pesquisa, corajosamente, se debruça.

Vamos então às articulações de Hudson A. R.

Bonomo.


Prof. Dr. Sergio Aguiar de Medeiros

*É autor de "Estética, Angústia e Desejo: uma abordagem psicanalítica sobre as doenças da beleza".*

# INTRODUÇÃO

Este texto tem como tema central um sujeito cada vez menos identificado com as estruturas tradicionais, como a família, a sociedade e a religião, entre outras, e cada vez mais implicado em identificações virtuais.

Usando a linguagem comum, problematizo a identificação do sujeito no ambiente contemporâneo e o lugar do mesmo em estruturas virtualizadas (redes digitais).

Este texto não trata de tecnologia, mas do porquê elas nos atraem tanto. Por que parecem criar uma fronteira entre o mundo físico e o virtual em nosso cotidiano?

"A palavra virtual vem do latim medieval *virtualis*, derivado por sua vez de *virtus*, força, potência. Na filosofia escolástica, é virtual o que existe em potência e não em ato. O virtual tende a atualizar-se, sem ter passado no entanto à concretização efetiva ou formal. A árvore está virtualmente presente na semente. Em termos rigorosamente filosóficos, o virtual não se opõe ao real mas ao atual: virtualidade e atualidade são apenas duas maneiras de ser diferentes." (LEVY, 2003)

Existe, realmente, uma fronteira entre uma identificação no mundo físico e outra virtual? Como isto afeta a nossa intimidade e autenticidade como pessoas? Segundo Han (2018), esta maneira de ser, buscando identificações virtuais, é uma desconstrução da distância espacial entre o público e o privado, com uma severa exposição do espaço privado. O que é mais interessante é que esta esfera privada é contrária à construção de imagem e de se tornar objeto, que ao ser desconstruída torna quase tudo público — quase tudo é imagem e objeto.

Apresento argumentos para reflexão do leitor e proponho uma clínica de não-lugar a partir de muitas reflexões, visando motivar a elaboração de textos futuros sobre o tema.

Optei por algo disruptivo, provocador, até certo ponto lúdico, deixando várias lacunas para o leitor, uma vez que é preciso alcançar os múltiplos conceitos que envolvem o sujeito, sua busca por identidade — fragmentada e misteriosa. Escrevo sobre a capacidade que ganhamos com os dispositivos tecnológicos e também sobre as nossas vulnerabilidades, e como os objetos deixaram de ser inanimados no momento em que decidimos nos relacionarmos com eles, e não somente através deles. A tecnologia ganha vida e os objetos ganham vida. Estamos mais públicos e menos privados, com câmeras em todos os lugares nos tornando imagens. Somos, agora, capazes de coisas inacreditáveis, mas parecemos estar diferentes, ainda mais vulneráveis do que antes.

> "O *homo digitalis* ['homem digital'] é tudo, menos um 'ninguém'. Ele preserva a sua identidade privada, mesmo quando ele se comporta como parte do enxame. Ele se externa, de fato, de maneira anônima, mas via de regra ele tem um perfil e trabalha ininterruptamente em sua otimização (...) São estranhas a ele espacialidade (...) pertencem à topologia das massas (...) formam um especial *aglomerado sem reunião*, uma massa [Menge] sem interioridade, sem alma ou espírito." (HAN, 2018, p. 29)

Por causa da psicanálise, parto de uma motivação clínica para a escrita deste texto, atravessado por um cansaço extremo que aparece nos analisandos, uma angústia crescente e uma urgência de reconhecimento. Há uma inundação de "não sei" que os leva a não agir, a ficarem cada vez menos desejosos de se tornarem adultos e permanecerem crianças, a terem muita dificuldade para lidar com as suas frustrações.

Lebrun (2008) cita que Jacques Lacan prevê, no encerramento de uma jornada em Paris sobre as psicoses da criança (LACAN, 1967/2003), que, um dia, numa época futura, teríamos o que ele chama de "criança generalizada". Nessa época, permanecer criança nada teria de repreensível — pelo contrário, seria implicitamente favorecido. Já estamos vivendo este momento e, por isto, proponho esta clínica de não-lugar.

O texto é pensado em duas frentes: identificação e não-lugar, e, como subdivisão destes dois, os excessos e as faltas. Os capítulos não estão organizados nesta estrutura — estão condensados e deslocados, e distribuídos ao longo do texto. Inicio cada capítulo com um texto artístico, usando de literatura, cinema e futurismo, como forma de preparar o leitor para um segmento teórico que vem em seguida.

Dedico o primeiro capítulo a aporias na tecnocultura, justamente em busca dos meus questionamentos iniciais. Uso a palavra "aporia"[1] para falar sem saber do que estou falando, mas suspeitando que o tédio e a fuga estão presentes como fortes candidatos a serem os catalisadores deste processo de incorporação tecnológica em nossa subjetividade. Parece, neste primeiro momento do texto, que as pessoas virtualizam muitas coisas: o inconsciente se encontra presente neste ato e há gozo (prazer/desprazer) no percurso destas virtualizações.

O segundo capítulo traz o conceito de híbrido, a partir da leitura do livro "Jamais fomos modernos" de Bruno Latour (1991/2013), onde os conceitos de purificação e de tradução passam a ser fundamentais para a continuidade do texto. Os híbridos nascem da tentativa de purificação destes em lugares-binários, como os mundos físico e virtual, que são meu foco

---

[1] Aporia no sentido de incerteza ou hesitação diante do que se pretende dizer.

neste texto. É neste capítulo que apresento as duas hipóteses para processos que o sujeito utiliza para atender ao chamado para uma identidade virtual, sendo uma através da fuga de suas vulnerabilidades, oriunda já das considerações do primeiro capítulo (fuga), e a outra através da criação identitária através de avatares, que nasce a partir da reflexão apresentada neste capítulo.

O terceiro capítulo tem por objetivo apresentar os conceitos de imagem, espaço, excessos e desejo de reconhecimento como importantes para a compreensão dos movimentos do sujeito na fragmentação de sua identidade. Cada pessoa que utiliza múltiplas imagens de si mesmo em múltiplos espaços, testa seus desejos movimentando-se sem parar, em um excesso que consome grande parte de sua vida. O mais interessante é que podemos ver, neste capítulo, o que chamamos, hoje, de rede social, avançar em sua quantidade de híbridos, agora oriundos de uma mesma pessoa e também de máquinas e algoritmos, todos em uma grande rede de interações, ao invés de relações.

O quarto capítulo apresenta os conceitos de sujeito, subjetivação e identificação. É apresentado o sujeito da psicanálise em Freud e Lacan. A seguir, apresento as dificuldades que os híbridos irão impor ao processo de purificação, explodindo uma possível formalização de construção de subjetividades, em uma tentativa arriscada de colocar em ruínas tal tentativa — ficamos com o movimento constante na subjetivação, e o superEu é imperativo. O conceito de fetichismo como substituto de uma crença pode levar a uma possível identificação através do encantamento que as tecnologias trazem ao sujeito que nega seu hibridismo, em prol de uma purificação para o mundo físico ou para o virtual. Em contrapartida o ciborgue é apresentado, a partir da visão de Haraway, Kunzru e Tadeu (2016), como uma revolução que se utiliza da elaboração destas identidades virtuais como uma forma efetiva para romper as fronteiras binaristas.

Nas considerações finais, apresento um novo conceito de não-lugar, com enfoque na questão clínica — motivação para este texto — que se aplica às duas hipóteses levantadas no capítulo 2 e faz uso das argumentações dos capítulos 3 e 4. Esta clínica da contemporaneidade atravessa questões que vão além deste texto. E deixo, ao final, reflexões como uma possibilidade para o avanço da experiência analítica na sociedade em redes.

# 1 APORIAS NA TECNOCULTURA: ALICE

Parafraseando a frase bíblica "No início era o verbo... e o verbo se fez carne", poderíamos acrescentar: "...e a carne se fez em... bits[2]" não somente porque o verbo "fazer" vem se tornando um algoritmo[3] cognitivo autômato — como nos carros que em que o motorista é um *software*[4] cognitivo — mas também porque a carne,

---

[2] O bit é o nome dado à simplificação de digito binário que pode assumir somente dois valores, 0 ou 1. É utilizado na computação como a representação lógica da passagem ou corte de energia por um elemento de armazenamento de informação temporária ou permanente.

[3] Algoritmo é o enunciado, em uma linguagem bem definida, de uma sequência de operações para resolver um dado problema. Em computação, representa as instruções que comandam os recursos disponíveis das máquinas em prol da realização de tarefas pelo mesmo.

[4] *Software* é uma sequência de instruções a serem seguidas e/ou

em sua experiência de criação, se digitaliza.

Pensando nesta pessoa que se fez em bits, cito a passagem do livro "Alice no País do Quantum", uma paródia da física quântica ao clássico de Lewis Carroll, "Alice no País das Maravilhas":

> Alice estava entediada (...) "Não sei por que não pode haver desenhos e programas mais interessantes na televisão", divagava. "Queria ser como a outra Alice [a do livro]. Ela estava entediada e descobriu o caminho para uma terra cheia de seres interessantes e acontecimentos estranhos. Se houvesse um jeito de encolher para flutuar através da tela (...), talvez eu pudesse encontrar várias coisas fascinantes." (GILMORE, 1998).

Não acontece somente com a Alice do quantum que deseja ser a Alice de Carroll. Como é retratado no artigo de Masson (2007), que tem por objetivo analisar os temas de imagens, simulacros e a noção de corpo e sua função ou não-função em espaços virtuais: o número de Alice cresce cada vez que uma delas se incorpora, mantendo ou ampliando o fascínio por um "lugar mais interessante".

A autora (idem, p. 12) introduz através da leitura da obra de 1940, "A invenção de Morel", de Casares (2016), um questionamento de "que espécie de loucura leva os homens a inventar máquinas para criar o engano, para jogar poeira sobre os olhos?". Lendo este precioso livro de Casares, que a inspirou no seu artigo, pude

---

executadas na manipulação, redirecionamento ou modificação de um dado/informação ou acontecimento.

comprovar que as imagens têm autonomia sobre os corpos vivos que as originaram. E isto nos leva, também a considerar esses que emprestam seus corpos a uma criação eternizada, que, mesmo que mascarada, vai fazer parte da vivência virtual de nossa Alice.

Poderia provocar a reflexão sobre o início — que talvez nem fosse o verbo, mas que fosse um quantum[5] ou algum destes significantes que a ciência nos coloca todos os dias — mas não o farei. A reflexão, neste texto, será sobre o tédio e a fuga, sem julgamento do valor delas, mas através da contemplação desta flutuação que Alice nos fala através da tela, ou das telas — que são muitas — e dos personagens que emprestam seus corpos e os digitalizam para que tal experiência aconteça em um primeiro momento e em sua continuidade.

## CORPOS EMPRESTADOS

Casares (2016) rompe, em sua obra, com a lógica, e nos provoca uma leitura alucinada e simbólica a ser decifrada por um único postulado fantástico, mas não sobrenatural, de que a máquina e desejo, unidos na geração de uma trama, capturam o personagem principal - um acusado da justiça que, para não ser preso, busca uma ilha deserta como lugar de fuga. Este "Alice" em fuga encontra o tédio na ilha, assim como a nossa primeira Alice, a do quantum.

Tive a oportunidade de encontrar uma versão

---

[5] Quantum é o menor valor que certas grandezas físicas podem apresentar. São exemplos de grandezas quantizadas a energia e o momento angular de um elétron em um átomo. (fonte: Wikipédia).

arcaica, sem o rebuscar tecnológico da atualidade, e visualizar o texto no trailer de filme[6], constatando o impacto de um habitante de uma ilha deserta, que, talvez mal alimentado, alucinando, pudesse encontrar um grupo de pessoas que ele observa, mas que não o observam, e frustrar-se com estas simulações de vivos e a repetição de suas atividades toda a semana (porque a máquina de Morel gravou sete dias de vivência desse grupo de pessoas). Não fosse por seu desejo e paixão, a história poderia ter traçado outro caminho. Posso citar o seguinte texto impactante que Morel deixa na ilha, e que também é citado no texto de Masson (2007, p. 12):

> "Congregados os sentidos, surge a alma. Era lógico espera-la. Madeleine estava presente para a visão. Madeleine estava presente para a audição. Madeleine estava presente para o paladar, Madeleine estava presente para o olfato, Madeleine estava presente para o tato: já estava presente Madeleine." (CASARES, 2016, p. 76).

Assim como Morel se apaixona por uma Madeleine virtual, nosso fugitivo apaixona-se por Faustine. Ele pode dormir aos pés de sua amada sem que ela perceba, sem autorização ou questionamentos. O tédio daquela ilha, daquela repetição, que a princípio encanta mas, depois, decepciona, dá lugar através do desejo pela sua amada Faustine a flutuar na simulação, renunciando à sua vida em busca deste amor, virtualizando-se junto a este, dispondo-se a estar ali para o próximo habitante da ilha, o desejo de seu idealizador e construtor (Morel) e,

---

[6] BOTELHO, J. A. A Invenção de Morel, [s.d.]. Disponível em: <https://goo.gl/tvEq9a>. Acessado em: 4/5/2018.

agora, acrescentado pelo desejo deste homem, que agora é um "Alice" também, gravado e incluído na simulação em uma semana com Faustine, que se repetirá eternamente na ilha.

Na história, os corpos emprestados precisam morrer para que as imagens e experiências vivam eternamente. Para a nossa reflexão, a ideia que passo a divagar é de um corpo que precisa ser emprestado ou parcialmente morto para dar vida às imagens. O que chamo de parcialmente morto é que, nas vivências em simuladores disponíveis atualmente, ou nas construções de redes sociais, uma boa parte do que somos desaparece, seja o simples ângulo de uma face perante uma câmera de celular, ângulo que não fotografa bem, seja um defeito físico ou uma voz que não agrada, seja uma máscara que encobre em parte. Ao participar da cena que vira produto, e sendo emprestada, de forma gratuita ou remunerada através dos mais diversos sintomas, nasce um novo sujeito. E que sujeito será esse?

Não é somente Alice que se dispõe, mas todos que já foram Alice adentram a esta cena. E como Masson (2007, p. 17) descreve: "a novela de Casares põe em cena um mundo no qual as interações sociais somente são possíveis na condição de se entrar no jogo das imagens. Vemos que, nesta perspectiva (que já se enuncia), não será mais possível se ver sem a imagem".

Ficam, ainda, algumas perguntas de Masson (2007, p. 20) para a nossa reflexão sobre o tédio e a fuga: "O que é feito das pulsões neste universo? No que elas se transformam? Estariam elas também atuando de outra forma?".

## MANIFESTO ONLIFE

O desenvolvimento da tecnologia e da comunicação tem um impacto radical na sociedade e afeta a condição humana, modificando a forma como nos relacionamos conosco e com os outros. A instabilidade domina esta rede através de um conjunto de transformações, que são apresentadas por Floridi (2015) em seu *"The Onlife Manifesto"*. As transformações sugeridas neste manifesto são as seguintes:

- o embaçamento[7] da distinção entre a realidade e a virtualidade;

- o embaçamento das distinções entre o humano, a máquina e a Natureza;

- a inversão da escassez de informações para a abundância de informações; e

- a mudança da primazia das entidades para a primazia das interações.

É nesta pequena passagem pelo manifesto *onlife* que deixamos como pergunta, para seguir adiante a partir do último item apresentado acima: já estamos vivendo uma sociedade das interações, uma sociedade de redes? Redes estas que dificultariam discernirmos a realidade do sonho ou a projeção do delírio? O sujeito da máquina? A versão virtualizada é uma sustentação que dá conta da manutenção do sintoma estabelecido em uma regressão do eu em direção e movimento ao outro,

---

[7] Traduzi livremente o termo original do inglês *"blurring"* por "embaçamento", em português, para dar uma ideia ainda maior de obscuridade, de opacidade às transformações relatadas pelo autor.

e vice-versa (já que agora Alice só existe como imagem)?[8]

## ADEUS AO CORPO: COMO SE DÁ ISTO?

Convenhamos que Alice não está de todo louca; o espaço cibernético, segundo Le Breton (2007, p. 141), "é um modo de existência completo, portador de linguagens, de culturas, de utopias. Desenvolve um mundo real e imaginário de sentidos e de valores que só existem por meio do cruzamento de milhões de computadores e do emaranhamento de diálogos, de imagens, de interrogações de dados, de discussões em chats (...) que coloca provisoriamente em contato indivíduos afastados no tempo e no espaço e que às vezes ignoram tudo deles mesmos. Um mundo em que as fronteiras se misturam e em que o corpo se apaga (...)".

Um lugar favorável à onipotência do pensamento, liberando os limites do corpo para jogar todos os jogos, de movimentar-se à vontade – enfim, ser Alice.

> "O espaço cibernético é a apoteose da sociedade do espetáculo, de um mundo reduzido ao olhar, à mobilidade do imaginário, mas à inspeção dos corpos que se tornaram inúteis e estorvantes."
> (LE BRETON, 2007, p. 142).

Alice, agora, pode sentir o mundo sem carne chegando a uma onipotência do espírito; não precisa temer os contratempos, nem os limites espaciais ou de linguagem (já existem bons tradutores simultâneos nos dias de hoje). Apesar disto, Alice pode fugir para outro

---

[8] O assunto sociedade em redes continua a ser abordado no tópico 2.3 deste texto.

lugar, teletransportar-se em bits quando não quiser mais aqueles dados, informações, avatares. Parece mais do mesmo? O tédio também está virtualizado? A fuga, com certeza, está, porque é fácil desaparecer, bloquear acessos, ocultar-se atrás de paredes de bits (*firewall*).

> "A identidade degenera em manuseio, é uma sucessão de "eus" provisórios, um disco rígido que contém uma série de arquivos a serem ativados, dependendo das circunstâncias. O sujeito é uma autorização para a experimentação de possíveis." (LE BRETON, 2007, p. 146).

Por que Alice aceitaria um único corpo limitado, se agora ela pode ter vários corpos-imagens ilimitados? Para nossa reflexão fica a contemplação desta nova maneira de ver o mundo — ou um mundo, o de Alice.

## FREUD E OS DEVANEIOS DOS ESCRITORES

FREUD (1907/1996), no texto "Escritores criativos e devaneios", fica intrigado como os escritores criativos conseguem produzir nas pessoas emoções que até elas mesmas desconheciam até o momento em que deparam com a obra escrita. Ele desejava achar um modelo que pudesse capturar este tom para o sujeito comum. Busca na infância os primeiros traços desta habilidade — a criança brinca e joga intensamente, criando um mundo próprio.

---

[9] *Firewall* é um dispositivo de uma rede de computadores que tem por objetivo aplicar uma política de segurança a um determinado ponto da rede. (Fonte: Wikipédia)

"Acaso não poderíamos dizer que ao brincar toda criança se comporta como um escritor criativo, pois cria um mundo próprio, ou melhor, reajusta os elementos de seu mundo de uma forma que lhe agrade?" (FREUD, 1907/1996, p. 135).

Pela citação acima, podemos ver a nossa Alice em sua felicidade de brincar, de forma séria, como Freud relata que as crianças brincam. Segundo ele, a antítese do brincar não é o sério, mas o real. Como estamos vendo durante nossas aporias, Alice tem um desejo regredido? De brincar seriamente neste seu novo mundo que realmente lhe agrade? Qual a distinção disto do sujeito que encontra paz em seus delírios?

Para Freud, o escritor criativo — e para nosso contexto, Alice — "cria um mundo de fantasia que leva muito a sério, isto é, no qual investe uma grande quantidade de emoção, enquanto mantém uma separação nítida entre o mesmo e a realidade (idem, p. 136)". Ao invés de brincar, agora ela fantasia enquanto adulta, criando os chamados devaneios. Freud coloca que toda a fantasia é a realização de um desejo que corrige uma realidade insatisfatória.

Da mesma forma que Le Breton, Freud, muitos anos antes, destaca o sentimento heroico que invade este viajante: "Nada me pode acontecer!", e podemos, nisto, reconhecer de imediato Sua Majestade o Ego (Eu), o herói de todo devaneio e de todas as histórias inventadas para dar conta de fugir do tédio.

Em sua carta a Fliess em 7 de julho de 1898, Freud cita o romance "O casamento do monge", de C. F. Meyer, para ilustrar o processo que ocorre nos anos posteriores na formação das fantasias.

> "(...) as novas experiências, na fantasia, são reprojetadas no passado, de modo que as pessoas novas alinham-se com as velhas, que se transformam em seus protótipos. A imagem especular do presente é vista num passado fantasiado, que então se transforma profeticamente no presente." (FREUD, 1986, p. 321)

Como vimos anteriormente, o fugitivo da ilha de Morel acaba por utilizar o mesmo método do construtor da máquina para, apaixonado, entregar a vida como o mesmo realizara anteriormente; porém, aperfeiçoando a vivência daquela uma semana que foi eternizada virtualmente — passado fantasiado, profetizado no presente da vida dele como amante.

Que desejo é este que Alice tem da lembrança de uma experiência anterior, na sua infância, que dá forma a este desejo que encontraria guarida em ser do tamanho de um pixel[10] em uma tela? Que bit é este?

O que Freud sinaliza é que, apesar da complexidade da fórmula dos escritores, das emoções que o leitor viverá, ela provavelmente levará a resultados também insatisfatórios. Alice ainda terá seu tédio, e precisará fugir — continuará fugindo.

## SENTIMOS, MAS NÃO VEMOS: GOZAMOS

"A subjetividade humana é, hoje, mais do que nunca,

---

[10] Pixel é o menor ponto que forma uma imagem digital, sendo que o conjunto de pixels formam a imagem inteira.

uma construção em ruínas" (HARAWAY; KUNZRU e TADEU, 2016, p. 9). A questão colocada no livro "Antropologia do Ciborgue" não é mais quem é Alice, mas: queremos ainda ser Alice? Quem tem nostalgia de Alice? O que vem depois de Alice?

Porém, Alice vaza por todos os lados; ela chama este gozo de tédio e quer fugir: do que, de quem, para onde? Só encontra ele novamente: o tédio. Acho que não há respostas, neste momento de nossa reflexão. Alice ainda está na fase de entregar-se à corrente, a plugar-se, ligar-se, seja na tela, seja na máquina, seja no devaneio ou no delírio, ou à outra Alice ou até mesmo a um ciborgue. Talvez Alice ainda seja apenas eletricidade, e o que ela vai ligar, emprestar energia, ainda irá surgir, ou apenas será uma energia que se perde por aí, transformada em calor, que sentimos, mas não vemos — gozamos.

> "A tecnologia não é neutra. Estamos dentro daquilo que fazemos e aquilo que fazemos está dentro de nós. Vivemos em um mundo de conexões – e é importante saber quem é que é feito e desfeito". (HARAWAY; KUNZRU e TADEU, 2016, p. 32)

A fuga e o tédio na clínica aparecem na forma de uma recusa de um não-lugar, que esconde vulnerabilidades e necessidades desesperadas de reconhecimento — que será uma das hipóteses apresentadas no próximo capítulo.

A tecnologia não é simplesmente uma relação social; está além disto, pois é ambígua e indeterminada. Abordarei esta questão quando falarmos mais sobre o ciborgue e a sua importância no capítulo 4 deste texto.

# 2 OS HÍBRIDOS DE LATOUR

## AS PÍLULAS DE MATRIX

O meu filme preferido, aquele de todos os tempos, até hoje, chama-se Matrix. Não é um filme, mas uma trilogia, ou um filme com muitas horas — o que preferir.

Neste filme, Morpheus[11], que não por acaso tem este nome, possui a chave da determinação entre o imaginário e o real. O imaginário e o real estão no mesmo nível, na mão que oferece, em um discurso do filme, a possibilidade de determinar o destino, ao tomar uma das duas pílulas. A Neo, o personagem que recebe a tentadora oferta, é esclarecido, através do discurso de Morpheus, que a pílula azul o levará de volta à sua vida imaginária, e a pílula vermelha lhe apresentará o real;

---

[11] Μοϱφεύς em grego é o deus do sonho da mitologia grega.

isto é, o simbólico, a partir de sua palavra de escolha (azul ou vermelho), determinará seu destino. Neo escolhe a vermelha e se depara com o deserto do real. O real leva ao terror e ao vômito. O real é da ordem do insuportável ou a desordem do suportável, já que o imaginário também não era tão bom assim para este personagem.

A impressão que o filme me traz, ainda hoje, é que o dentro e o fora da Matrix, o simulacro no imaginário e as dores e misérias do real, vão cada vez mais se entrelaçando e se misturando, como se formassem um espaço topológico, onde Neo não se faz mais dentro ou fora de nenhum dos dois universos, a não ser pela interpretação das imagens que o cercam, seja em sua cidade real, Zion, seja em seu mundo virtualizado, Matrix.

Mesmo o mundo virtual de Matrix tem um real que o cerca, que o produz. A máquina produz seu virtual a partir de um real, que são plantações de bebês-pilha, que alimentam com energia humana a máquina, que procura incansavelmente uma harmonia que jamais alcança, mesmo depois de vários simulacros, várias gerações de Neo e Morpheus, em destruídas e reconstruídas cidades como Zion. O arquiteto-máquina que denuncia esta busca por um objeto de desejo, onde possa haver harmonia entre máquinas e homens, diz-se surpreso pela capacidade diferenciada deste último Neo: o de colocar o amor à frente de tudo — ao invés de Zion, ele escolhe Trinity, sua amada, como se também o amor fosse par harmônico humano dos algoritmos da máquina. O filme não apresenta um fim para esta busca, mesmo com um acordo negociado entre Neo e A Máquina. Ambos passam a uma nova tentativa de harmonia, mas sem nenhuma pista de uma possível solução para o impasse. E, infelizmente, Neo fica sem o seu amor, pois é impossível ter o amor e a harmonia entre homens e máquinas. É impossível não lembrar do aforismo de Jacques Lacan: "Não há relação sexual".

O livro "Love + Sex with Robots", de David N. L. Levy (2007), apresenta um cenário mais próximo de nossa realidade atual, em 2018: estamos nos apaixonando por pessoas virtuais. O livro chama estas pessoas de "robôs humanoides", e, não mais chocante que isto, são a base para um grande banco de dados de textos, vozes e vídeos do que funciona ou não nesses relacionamentos. Com estes dados se criará uma nova geração de algoritmos e programas, que, sozinha, aprenderá a ser essas paixões virtuais[12], para, em seguida, vestir-se de objeto físico e ser vendida como um(a) companheiro(a) fisicamente funcional: um robô[13].

Diferente do filme Matrix, o cenário presente e potencial criativo da indústria está muito próximo de criar relacionamentos homens-máquinas, muito menos

---

[12] Para visualizar o aprendizado de algoritmos, sugiro assistir a uma demonstração feita pela Microsoft e apresentada por Peter Molyneux (2010). Acesso em: 16 jul. 2018. Disponível em: <https://www.ted.com/talks/peter_molyneux_demos_milo_th e_virtual_boy>.

[13] Para compreender o avanço dos projetos de robôs, recomendo ver a entrevista do robô Sophia feita à SIC Notícias durante a Web Summit, em Portugal (2017). Acesso em: 16 jul. 2018. Disponível em: << http://sicnoticias.sapo.pt/especiais/web-summit-2017/2017-11-08-SIC-entrevista-robot-Sophia-na-Web-Summit >>.

dramatúrgico que em Matrix, muito mais colaborativo, sem guerras, quase em silêncio.

Existe algo acontecendo entre nós e as próximas gerações, sejamos ciborgues ou não, apaixonados por máquinas ou não, serão diferentes, mais ainda tecnológicas. Venho provocar a sua mente com a futura possibilidade de ter netos ou bisnetos casados com máquinas — ou com várias ao mesmo tempo, para não enjoar.

> "Eu gostaria de te contar uma revelação que eu tive durante o meu tempo aqui. Ela me ocorreu quando eu tentei classificar sua espécie e me dei conta de que vocês não são mamíferos. Todos os mamíferos do Planeta instintivamente entram em equilíbrio com o meio ambiente. Mas os humanos não. Vocês vão para uma área e se multiplicam e se multiplicam, até que todos os recursos naturais sejam consumidos. A única forma de sobreviverem é indo para uma outra área. Há um outro organismo nesse planeta que segue o mesmo padrão. Você sabe qual é? Um vírus. Os seres humanos são uma doença. Um câncer neste planeta. Vocês são uma praga. E nós somos a cura." Agente Smith, filme Matrix, de 1999.

Esta citação de um agente[14] que se torna vírus na Matrix é uma crítica à necessidade de consumo dos humanos, mesmo estes estando conectados e executando o seu consumo virtualmente na Matrix (grande simulacro de uma vida totalmente virtual, que também não tem êxito no filme, por conta da resistência

---

[14] Um *software* do ambiente virtual que representa o imaginário dos corpos paralisados e usados como baterias para as máquinas.

de alguns, como Neo, Morpheus, etc.).

Não escrevo sobre um futuro de robô analisando, talvez, um dia ciborgue. Mas da construção, através da tecnologia, de novas formas de subjetividade e de deslocamentos de sintomas destes sujeitos divididos — ou, conforme a definição de Bruno Latour: híbridos que não aceitam o processo de purificação. Explico estes conceitos a seguir.

## HÍBRIDOS: PURIFICAR E TRADUZIR

Bruno Latour, em seu livro "Jamais Fomos Modernos", apresenta os conceitos de híbrido, purificação e tradução. Vamos detalhar estes conceitos, importantes para o entendimento de nossa argumentação sobre a não-fronteira entre a identificação no mundo físico e no virtual.

> "A modernidade é muitas vezes definida através do humanismo, seja para saudar o nascimento do Homem, seja para anunciar sua morte. Mas o próprio hábito é moderno, uma vez que este continua sendo assimétrico. Esquece o nascimento conjunto da 'não-humanidade' das coisas, dos objetos ou das bestas, e o nascimento, tão estranho quanto o primeiro, de um Deus suprimido, fora do jogo. A modernidade decorre da criação conjunta dos três, e depois da recuperação deste nascimento conjunto e do tratamento separado das três comunidades enquanto que, embaixo, os híbridos continuavam

a multiplicar-se como uma consequência direta deste tratamento em separado." (LATOUR, 1991, p. 19)

Latour fala de um híbrido que é forçado, por um processo de purificação, a tornar-se binário, a estabelecer fronteiras entre o humano e o não-humano. E podemos, por analogia, estender para o homem e mulher, homossexual e heterossexual, e da mesma forma será com o mundo físico e o virtual, forçando-o a deixar a posição de híbrido. O que podemos usar como oportunidade é o conceito de tradução do híbrido como uma forma de identificação. De alguma forma, ele se identifica com cada tradução que é feita dele, evitando, assim, a necessidade de sucumbir a uma purificação.

Isto me remete ao manejo clínico na psicose, ou seja, o secretariado do alienado. Em paralelo, poderíamos suspeitar que uma clínica que inclua a tradução tem mais a ver com um tipo de secretariado do que de uma interpretação, que tem um quê de impossibilidade, diante de tantas identificações flutuantes.

Em comum, podemos afirmar que os dois, Freud[15] e Latour, apontam para as dificuldades que encontramos na vida social em suportar o que é trazido para nossas vidas através da limitação da fantasia ou da criação, seja por purificação em Latour ou devaneios em Freud, e dar conta desta insatisfação através das duas hipóteses a serem propostas neste texto: uma de fuga e outra de criação.

---

[15] Ver tópico "Freud e os devaneios dos escritores" no capítulo 1.

## VIVENDO EM REDES

Segundo Castells (2008, p. 553), "as redes constituem a nova morfologia social de nossas sociedades e a difusão lógica de redes modifica de forma substancial a operação e os resultados dos processos produtivos e de experiência, poder e cultura". O autor escreve que o poder dos fluxos é mais importante que os fluxos do poder, que a presença na rede ou a ausência dela e a dinâmica de cada rede em relação às outras são fontes cruciais de dominação e transformação de nossa sociedade.

Castells (2003, p. 5) escreve que por muito tempo na história da humanidade, as redes eram o domínio da vida privada, e uma propensa centralização dava limites à produção por ela alcançada. Havia uma tentativa de controle, que agora, com a tecnologia da informação, escorrega pelos fios, pelas mãos de *hackers*, pela atribuição pública de grupos, pela falta de capacidade de retenção.

O saber vaza, os contatos vazam, o que é feito não pode ser controlado. Há um caos disfarçado por corporações — poucas, aliás — nomeando as redes, mas sem capacidade de identificação ou de ação defensiva intensa em casos de abusos por pessoas ou grupos, reduzindo sua diligência a denúncias e bem poucas ações concretas em prol do desejo de segurança dos conectados (nem todos). Segundo o autor, ser excluído dessas redes é sofrer uma das formas mais danosas de exclusão em nossa economia e cultura.

> "No final do século XX, três processos independentes se uniram, inaugurando uma nova estrutura social predominantemente baseada em redes: as exigências da economia por flexibilidade administrativa e por globalização do capital, da produção e do comércio; as demandas da sociedade, em que os valores da liberdade individual e da comunicação aberta tornaram-se supremos; e os avanços extraordinários na computação e nas telecomunicações possibilitados pela revolução microeletrônica." (CASTELLS, 2003).

Estar conectado traz acesso a um grande volume de informações, nunca antes alcançado, porém repleto de dúvidas sobre a autenticidade das mesmas e de seus provedores de informações. Além disto, apresenta um fator de sincronicidade interessante, porque enquanto conectados a uma rede, estão desconectados de outras, às vezes dezenas delas, inclusive as de realização no mundo físico. Acabam se iludindo por uma conexão dessincronizada, que de tempo real tem somente o sinal sonoro de alguma das outras redes que não estão conectadas naquele instante (notificações assíncronas). Correm de um lado para o outro para atender demandas, sinais de outros que já não estão mais lá e/ou aproveitam para gerar demandas também para outros que estejam passando por estas mesmas redes.

> "A conexão digital favorece a comunicação simétrica. Hoje em dia, aqueles que tomam parte

na comunicação não consomem simplesmente a informação passivamente, mas sim a geram eles mesmos ativamente. Nenhuma hierarquia clara separa o remetente do destinatário. Todos são simultaneamente remetentes e destinatários, consumidores e produtores." (HAN, 2018, p. 15-16)

Pode este sujeito, através de seu discurso, ao solicitar um direito, seja de segurança, seja de liberdade, e em possível angústia, encontrar uma alternativa ou um lugar de desconstrução dos sentidos das posições identitárias elaboradas até então?

A dicotomia que aqui apresento é a ilusão de uma falsa conectividade em rede, pelas limitações dos humanos ou das máquinas, ou dos filtros que analisam os riscos do tráfego de dados. É um dos objetivos deste texto buscar entender porque, de alguma forma, decidimos viver virtualmente, e como a busca por direitos pode ser importante para a legitimação de uma opção ilusória ou mesmo revelar uma nova identidade construída neste novo modo de viver.

"O sujeito econômico neoliberal não forma nenhum 'Nós' capaz de um agir conjunto (...) O *socius* ['social'] dá lugar ao *solus* ['sozinho']. Não a multidão, mas sim a solidão caracteriza a constituição social atual. Ela é abarcada por uma desintegração generalizada do comum e do comunitário. A solidariedade desaparece. A privatização avança até a alma." (HAN, 2018, p. 33)

Ao invés da fala ou silêncio na clínica psicanalítica, em sua solidão, este sujeito pode fazer discurso ao solicitar um direito, seja de segurança, seja de liberdade; um vazamento pelo excesso, uma vez que o discurso de classe só faz sentido em uma pluralidade de classes, e estamos falando de um lugar de multidão (classe única).

A partir deste sinal e discurso vazante, a psicanálise poderá se reposicionar perante este sujeito que, em possível angústia, procure uma alternativa ou um lugar para um discurso que desfaça os sentidos que foram dados às suas possíveis posições identitárias elaboradas até então.

## PRIMEIRA HIPÓTESE PARA UM NÃO-LUGAR

Nos tópicos acima e no capítulo anterior, apresentamos um sujeito que usa as redes, as ferramentas tecnológicas disponíveis, para ampliar sua possibilidade de vivenciar experiências. Agora, dividimos nosso argumento em duas hipóteses, dentre milhares possíveis, para seguir nossa investigação analítica. É importante reforçar que a busca, neste texto, é fugir do binarismo, e, ao apresentar apenas duas hipóteses, podemos incorrer na tentação de repetir este processo dual de separar os híbridos em dois grupos. A compreensão que buscamos é de dois processos dentre os muitos possíveis de forma meramente restrita a um texto introdutório ao assunto. Espero que fique claro ao leitor, no decorrer deste tópico, que não desejo a separação em dois grupos, o que seria, também, uma tentativa de purificação dos híbridos. Parafraseando Derrida (2011, p. 41): "(...) estas hipóteses são nada menos que representações intuitivas (...) Elas não podem pretender ter senão o valor de ilustrações".

A primeira hipótese é de que podemos estar em um processo de fuga de uma rede para outra e, consequentemente, atrasados sempre em relação à notificação que nos chama a demanda de uma das redes. Estaríamos fugindo de nós mesmos e de nosso próprio tédio, corpo, vida no mundo físico, de outras redes, construindo universos fictícios para não encararmos nossas próprias vulnerabilidades? Nesta primeira hipótese, apresentamos uma angústia proveniente de um processo de purificação, que tenta criar uma posição binária: virtual ou no mundo físico, dependendo de comutações deste sujeito tedioso.

A segunda hipótese é de que neste universo de redes nascem híbridos, seres humanos que optam por um processo de criação de uma vida própria e autêntica fazendo proveito de todo o potencial assíncrono que esta rede impõe, e estar em múltiplos espaços simultaneamente.

Turkle apresenta uma série de entrevistas em seu livro *"Alone Together"* e uma delas chamou minha atenção:

> "Doug, um aluno do centro-oeste americano, usuário de quatro avatares, distribuídos em três mundos virtuais diferentes. Ele costuma manter os três universos abertos em janelas em seu computador, ao mesmo tempo que a lição de casa, seu programa de e-mail e jogos favoritos.

Ele se movimenta facilmente entre todos estes lugares. Ele me disse que a vida real é apenas 'mais uma destas janelas'. Ele ainda enfatiza: 'a vida real nem é meu universo favorito'". (TURKLE, 2011).

A dificuldade apresentada em uma fala como a de Doug, levou a refletir sobre duas hipóteses que, certamente, não são capazes de esgotar o tema, mas servem de base para o entendimento de como alguns processos ocorrem neste universo de possibilidades.

Turkle também cita um estudo com mais de 1,5 milhão de usuários do *website* Chatroulette, que conecta usuários aleatoriamente ao redor do mundo. Neste estudo, como relatado por ela, as pessoas são objetivadas e rapidamente descartadas, e reforça um ponto perturbador em seu relato: parecemos determinados a dar qualidades humanas a objetos e conteúdos, além de tratar uns aos outros como coisas.

Baseando-me na observação que a autora faz sobre a insegurança de relacionar-se, principalmente em profundidade ou intimidade, e com a disponibilidade de tecnologia suficiente para se ter relacionamentos com uma certa proteção, sugiro uma primeira hipótese, onde a pessoa recusa um não-lugar, fugindo de suas vulnerabilidades. Há um medo de relacionar-se em profundidade, onde revelar, com o tempo, a fala, a imagem do corpo, a condição financeira, o histórico familiar, etc., pode gerar um sentimento de vergonha suficiente para que a vulnerabilidade do sujeito necessite de escamoteamento.

> "O desmantelamento do vínculo social isola cada indivíduo e o entrega à sua liberdade, à fruição de sua autonomia ou, ao contrário, a seu sentimento de insuficiência, a seu fracasso pessoal. O indivíduo que não dispõe de recursos interiores sólidos para se ajustar, dar significados e valores aos acontecimentos, que não tem autoconfiança suficiente, sente-se ainda mais vulnerável e é obrigado a firmar-se por si mesmo, já que não encontra apoio na comunidade." (LE BRETON, 2018, p. 9-10)

O acolhimento virtual, aparentemente automático, a partir de uma construção idealizada ou não, pode ser um grande atrator para a multiplicidade de idealizações e consequente perda da realidade para o sujeito. É neste momento que, de alguma forma, o binarismo entre o mundo físico e o virtual é pressionado a se manifestar. E, como parte de se tornar virtual, inclui-se a manifestação do afeto de uma vida corpórea — com corpos, sabores e cheiros, tornando-se algo da mesma ordem dos sentidos limitados à fantasia.

Não desprezo isto como psicanalista, uma vez que a voz e o olhar estão entre os maiores formadores de falta no sujeito. Segundo Lacan, o sujeito é impactado pelo olhar e pela fala do Outro, este Outro com "O" maiúsculo, capaz de impactar a vida do sujeito.

> "O olho e o olhar, esta é para nós a esquize na qual se manifesta a pulsão ao nível do campo escópico." (LACAN, 1964/1985, p. 74)

Apesar de rápido, este acolhimento virtual é precário.

O sujeito fica entre o prazer de estar em um lugar, mas tem o desprazer de não o reconhecer como seu. A recusa de não-lugar acaba em uma frustração de uma construção assíncrona; as redes e as demais pessoas que fazem parte desta não estão presentes em tempo real, geralmente são espectadores *offline* desatentos aos detalhes. Acaba que o sujeito constrói algo próprio de si mesmo, para ele mesmo se regozijar, enquanto promove um pedido de reconhecimento que nem sempre vem acompanhado de uma atenta partição dos outros nas redes. O sujeito perde a capacidade de suportar a solidão e pode se tornar adicto das estimulações que a conectividade aparentemente produz. O que é muito estranho é que, ao se satisfazer com fotos, histórias, textos, etc., este sujeito se acostuma ao não afeto e à falta de atenção na vida, ficando submetido a cada vez mais solidão. Na tentativa de um possível retorno a este universo do mundo físico, encontrará um acúmulo de faltas que pode tornar este movimento desesperador.

Apesar de se sentir parte de um mundo virtual, este sujeito ainda se frustra em seu corpo, em seu tempo, em sua solidão, e não consegue viver a purificação proposta de uma vida virtual pura.

Corpo e imagem estão juntos, em confusão e tédio, como sempre estiveram. Apesar da tentativa de chamá-los de híbridos, não conseguimos traduzi-los como esperávamos. Estes acabarão cedendo à purificação, intitulando-se binários, o que produzirá o mesmo, pois ora um, ora outro, estabelecerá uma fronteira e se definirá a partir da negação do que é o outro.

> "Já não basta nascer ou crescer, é preciso construir-se permanentemente, manter-se mobilizado, dar sentido à vida, fundamentar suas ações nos valores. A tarefa de individuação é árdua, sobretudo quando se trata de ser exatamente si mesmo." (LE BRETON, 2018, p. 10)

Eles transitarão entre fronteiras até que manifestem sua insatisfação em discurso. Este discurso poderá vir através de seus questionamentos sobre privacidade e segurança às empresas ou agências reguladoras, ou de angústia direcionado à psicanálise.

## SEGUNDA HIPÓTESE PARA UM NÃO-LUGAR

A segunda hipótese que apresento é de a que alguns sujeitos se constituem no universo virtual, isto é, ao invés de uma fuga pela recusa de um não-lugar, estes exigem um reconhecimento deste não-lugar como sua formação identitária. Aparentemente, apesar de ambos estarem navegando pelas mesmas redes, estes adentram lugares mais profundos e obscuros, em busca de mais desfragmentação da identidade no mundo físico, em prol de mais identidades virtuais, mas sem a necessidade de reconhecimento destas.

Estes híbridos podemos traduzir, pois devemos apresentá-los um a um, perante a sua capacidade de produção dinâmica e subjetiva. Estes híbridos apropriam-se e desviam da possibilidade de purificação. Não aceitam nomeações, nem gostam de ser rastreados ou seguidos; são navegadores destas redes e, em muitos casos, os construtores de suas próprias leis.

> "A renúncia a si é, às vezes, a única maneira de não morrer ou de fugir de algo pior do que a morte. Já não se trata de deslizar para um 'eu sou outro', mas para um que 'está em outro lugar, que me é indiferente'. Uma tentativa de viver livrando-se do esforço de existir, ela traduz uma distância, uma lassidão, mas não um desejo de morrer." (LE BRETON, 2018, p. 34)

Estes híbridos não são binários; estão em um não-lugar social, reconhecível apenas por eles, traduzível um a um, e somente naquele instante — relembrando-me o sujeito da psicanálise que surge a cada instante em que o inconsciente aparece na linguagem e de forma única para, imediatamente, desaparecer novamente, isto é, um novo sujeito a cada vez.

Diferentemente dos processos da primeira hipótese, onde as aglomerações nas redes se realizam por uma recusa de não-lugar através das paradas do modismo, os processos da segunda hipótese, mesmo que passem pelas mesmas aglomerações, sugerem uma busca por um reconhecimento da legitimidade de um não-lugar.

> "O desaparecimento é ao mesmo tempo uma solução face ao esgotamento de ser si mesmo, ao sentimento de ter dado tudo, ou de querer preservar-se da contenção ou da solidão, mas é também uma solução ao sentimento da multiplicidade de si, a convicção de abrigar vários personagens e de não se resignar a sacrificá-los."
> (LE BRETON, 2018, p. 47)

"Uma vez que nos removemos do fluxo da vida física, confusa e desordenada — e tanto a robótica quanto a vida em rede fazem isso — nos tornamos menos dispostos a sair e dar uma chance. Uma música que se tornou popular no YouTube em 2010, 'Você quer sair com meu avatar? (*Do You Want to Date My Avatar?*)' Termina com a letra 'E se você acha que eu não sou o escolhido, desconecte-se, desconecte-se e terminaremos'." (TURKLE, 2011)

Este sujeito fará uso de múltiplas estratégias, seja do apagamento de si, como também da fragmentação em diferentes personagens. Esse palco virtual fornece um grande ferramental para isto e potencializa e dificulta a elaboração de um Eu, seja por discurso, seja por interpretação analítica. São muitos "Eus" para serem interpretados.

No sentido clássico de uma análise do inconsciente, a interpretação estará mais próxima ao conceito de purificação de Latour do que o da tradução. Ao sugerir uma nova visão clínica para estes casos éticos, seria necessário um questionamento profundo do método analítico e, como citado anteriormente, se aproximando do manejo da estrutura psicose, como secretariado do alienado.

## A FUGA OU CRIAÇÃO DE UMA IDENTIDADE SOCIAL

É direito desse sujeito esconder-se em sua fantasia, e há também o direito ao hibridismo. É praticamente um direito de mentir sobre sua identidade social, seja por fuga ou criação, como apresentado no tópico anterior.

No direito à fuga, o sujeito pode gerar fatos falsos sobre sua vida particular. Ser vigiado é o seu objetivo, pois seu desejo é por um reconhecimento que não acontecia até então, e o deixa em angústia por não ter um lugar. Sendo vigiado ou assistido, ele fantasia que tem um lugar. Infelizmente, as regras estabelecidas nos contratos das empresas que dominam as redes virtuais não preveem uma autonomia, e, em muitos casos, este sujeito virtual é denunciado como "falso" e bloqueado arbitrariamente. Ressalto que a denúncia é parte deste universo, mas não há uma análise criteriosa antes de punições, por questões óbvias de impossibilidade de análise manual de todas as denúncias. Um exemplo é de um sujeito se construir como amigo de celebridades, e ser punido por tal fantasia ao contar histórias de convivência com os mesmos. Esta seria uma fantasia comum em uma rede no mundo físico, que viraria uma boa anedota ou bizarrice, e que passa a ser *"Fake News"* ao entrar na rede virtual, com consequências legais para o sujeito que fantasia. Há um desafio de como se lidar com este novo universo sem retirar a liberdade de sonhar e fantasiar deste sujeito.

Na segunda hipótese, a do sujeito que cria avatares como forma de não-lugar, de transitar o tempo todo por redes, em múltiplas identidades, cabe às empresas ou agências reguladoras compreender como irão atuar nestas atividades criativas. Compreendo que, nesta hipótese, uma perversão comum se manifesta, e fetiches são essenciais ao processo natural de negar-se em sua castração. Falaremos mais sobre isto no capítulo 4.

Nesta hipótese, o desafio de legitimar esse sujeito é maior, e já é manifesto em casos de ataques a grupos sociais inteiros por híbridos extremamente performáticos, onde pouco se pode fazer, seja para rastrear ou para proteger os demais participantes dos aglomerados nas redes.

Estas considerações e dificuldades não são diferentes à da legitimação de direitos de híbridos que atualmente militam por liberdade sexual, de decidir sobre o que fazer com seus corpos, como em questões sobre o aborto, implantes de próteses, uso de hormônios, cirurgias transformadoras em geral.

> "O mundo imaginário do adolescente está povoado de avatares interiores: personagens múltiplos e provisórios que ele constrói ou que fantasia em torno de sua pessoa, e que encontram nos bons e maus momentos a complacência dos avatares do mundo virtual que o concretizam ou lhe dão uma aparência de real, já que às vezes são vividos como um duplo de si. Endossando um personagem imaginário cuja criação lhe pertence, o jovem se desaloja de si mesmo, se afasta de sua identidade e de seu corpo para viver uma espécie de arrebatamento." (LE BRETON, 2018, p. 99)

É um tema que ainda levará a muito debate por parte de todas as áreas do saber — incluindo a psicanálise, que necessita ser mais engajada nestas questões e posicionar-se insistentemente como o lugar de escuta do inconsciente deste sujeito com múltiplas identidades virtualizadas.

# 3 SOBRE IMAGEM, ESPAÇO E DESEJO DE RECONHECIMENTO

## SONHAMOS COM OVELHAS ELÉTRICAS?

Esta história inicia-se em 1968, quando Philip K. Dick escreve "Androides Sonham com Ovelhas Elétricas?". Não somente o livro, mas o filme de 1982, "*Blade Runner,* O Caçador de Androides", que é inspirado no mesmo, levaram-me a fazer uma breve introdução a este capítulo.

> "Depois de um apressado café da manhã — tinha perdido tempo com a discussão com sua mulher —, ele subiu vestido para dar uma volta (...) até o pasto no terraço coberto, onde sua ovelha elétrica 'pastava'. Onde ela, sofisticado maquinário que era, costumava mascar com simulado

contentamento, enganando os demais locatários do prédio (...). Perguntar 'sua ovelha é genuína?' seria, possivelmente, uma quebra na etiqueta pior do que indagar se os dentes de um cidadão, seu cabelo ou seus órgãos internos eram autênticos." (DICK, 1968/2014, p. 19)

A questão central do filme são os replicantes, androides criados por uma grande empresa de genética, que produz os corpos e as memórias destes seres. Porém, os mesmos têm a limitação do tempo de vida. A busca constante é por encontrar o seu criador e entender como podem estender as suas vidas. Os replicantes foram projetados com uma história pessoal, com pais, com memórias da infância, e guardam até mesmo fotos destas memórias, como se tivessem sido vivenciadas por eles. Deckard, o personagem principal, é convocado a perseguir replicantes, que fogem de uma colônia fora do planeta Terra, onde ocupam funções de suprir, com seus serviços, as necessidades dos humanos. Durante o filme, a própria identidade de Deckard vacila, porque compreende que não há nada que garanta que ele mesmo não é um androide (após conhecer o último modelo lançado pela empresa de replicantes — Rachel).

O criador projetou os replicantes para serem mais humanos que os humanos; porém, com esta limitação de tempo, tenta evitar que esta sensação de existência ganhe proporções que os levem à rebelião, pois sentem e desejam um lugar no mundo dos humanos.

O livro também trata das relações entre homens e máquinas; porém, a limitação no tempo de vida é um defeito de engenharia biomecânica, e não genética, como no filme. No livro, esta limitação é contra a vontade do criador dos replicantes, e, no filme é um dispositivo de segurança.

O interessante para este texto é um olhar sobre a questão do desejo de viver dos replicantes, que os motiva a desobedecer às leis, matando humanos e fugindo das colônias para a Terra quase desabitada.

> "Através da ficção científica, o Homem pode extrapolar essas e outras questões, especialmente no que toca à sua relação com a tecnologia, ao criar universos complexos e forma de vidas inteiramente novas." (SOUTO, 2014)

As alterações de humor dos replicantes incluem momentos de recolhimento à depressão, onde as lembranças, as fotos, são usadas para evitar o esquecimento e a perda da identidade deste não-humano. Uma série de emoções são trabalhadas para que este não-humano seja a imagem e semelhança do Homem (seu criador).

No livro, o estado de humor é tratado pelos humanos através de um sintetizador de ânimo:

> "Minha programação de hoje aponta uma depressão autoacusatória de seis horas — disse Iran. Que? Pra que você vai escolher isso? [disse Deckard para a esposa] — aquilo desafiava todo o propósito do sintetizador de ânimo. — Nem sabia que você podia escolher algo assim — disse, sorumbático." (DICK, 1968/2014, p. 16-17)

O desejo de viver e as marcas no humor das

dificuldades de lidar com a "morte" dos replicantes são fundamentais para a reflexão que faremos a seguir sobre o corpo, sua imagem, o espaço ou lugar e o desejo de reconhecimento como iguais (ao humano). Os replicantes são híbridos que lutam para não serem purificados em sua condição de não-humanos.

Segundo Le Breton (2013, p. 194), "a sociologia imaginante de Dick levanta as questões mais perturbadoras do mundo moderno (...) Os princípios da dissolução das fronteiras entre o humano e o autômato levam hoje a uma interrogação ontológica de um novo gênero (...) O filme parece até mostrar que a humanidade dos androides é maior".

Como distinguir os homens das máquinas, se ambos têm consciência, memórias e emoções? Talvez a melhor resposta a isto ainda seja o inconsciente freudiano que, nesta ficção, revela, através de testes de livre associação aplicados pelos caçadores de replicantes, o não-humano, na dificuldade e no desespero do replicante de não saber o que fazer com a falta de sentido das frases dos testes aplicados pelos investigadores. O não-humano se revela com o real e com o confrontamento pela ausência de lógica na linguagem provocada pelo investigador, e que vaza, mas que não recalca novamente, gerando terror no replicante.

## SOBRE A IMAGEM DO CORPO

Passamos a descrever as dificuldades do sujeito com o seu corpo e os desdobramentos deste abandono de si em prol de uma imagem aperfeiçoada a partir do fenômeno das redes.

Para Le Breton (2013), o Homem tem o mesmo corpo e os mesmos recursos físicos que o Homem do Neolítico e o mesmo processo de memorizar estratégias e lutar contra a Natureza.

> "A relação com o mundo era uma relação pelo corpo. Certamente nunca como hoje em nossas sociedades ocidentais os homens utilizaram tão pouco seu corpo, sua mobilidade, sua resistência, O consumo nervoso (estresse) substitui o consumo físico." (LE BRETON, 2013, p. 20)

O autor cita a tecnologia, que nos faz utilizar tão pouco nossos corpos, graças às escadas rolantes e aos veículos, por exemplo. Nosso corpo passa a ser uma carga mais penosa de assumir por conta desta atrofia; é um elemento negligenciável da existência e passa a ser um desafio político importante na sociedade contemporânea.

Além disto, as sociedades contemporâneas, segundo o autor, fornecem uma formidável extensão a técnicas de gestão de humor e da vigilância.

> "Se a anatomia não é mais um destino, a afetividade tampouco, quando um vasto leque de meios farmacológicos propõe seus serviços." (LE BRETON, 2013, p. 57)

A sociedade tem feito uso de medicamentos psicotrópicos para aliviar a angústia, que vão além apenas do sistema clássico dos cuidados mentais do sujeito, ultrapassando esta fronteira e avançando sobre questões existenciais comuns, aquelas que, segundo Le Breton, Freud dizia que "não impedem de existir".

Este sujeito passa a ser menos tolerante e mais frágil, ao submeter sua subjetividade a invenções criativas e farmacológicas que o leva a um lugar onde o êxtase seja o comum, e não o extraordinário.

No espaço virtual, o sujeito passa a viver cada vez mais experiências sem as limitações do corpo e, assim, se desloca cada vez mais para um lugar sem tempo, baseado em eventos, e, acima de tudo, sem os limites de lugar.

Luiz Sergio Coelho de Sampaio[16], em seu livro "Lógica e Psicanálise – Nove ensaios" (SAMPAIO, 1989), apresenta uma desassociação do termo "corpo" em três corporeidades específicas, a saber:

corpo físico: fisiológico, ou ainda, biológico;

corpo libidinal: corpo significante, corpo pulsional ou, apenas, inconsciente;

corpo diplomático: corpo socializado ou corpo institucionalizado.

Uma segunda constatação deste texto de Sampaio, é da hierarquia — conquanto não absoluta — entre os três tipos de corpos mencionados. Consequentemente, seriam múltiplos as oportunidades e os modos de retorno do recalcado. Deixa o autor uma questão interessante da possibilidade de dois recalques entre estes níveis corpóreos: um de natureza simbólica, que sonegaria os meios de expressão, e outro, de natureza

---

[16] Luiz Sérgio Coelho Sampaio (Rio de Janeiro, 10 de novembro de 1933 — 30 de março de 2003) foi um filósofo, professor e escritor brasileiro.

lógica, fixado no pensamento. É interessante poder vislumbrar esta multiplicação de possibilidades de recalcamento, de níveis de barreiras, para que o sujeito possa acessar os processos inconscientes. Apesar de ser uma teoria apenas de Sampaio, acrescenta a possibilidade de termos muito mais complexidade no filtro dos acessos ao desejo inconsciente e um aumento da possibilidade de enganos nas soluções de contorno a angústia do sujeito. A citação a seguir, de Le Breton, reforça esta ideia:

> "No espaço cibernético, o indivíduo livra-se das coerções da identidade, metamorfoseia-se provisória ou duradouramente no que quer sem temer o desmentido do real, desaparece corporalmente para se transformar segundo uma profusão possível de máscaras, para se tornar pura informação, cujo conteúdo e cujos destinatários ele controla com cuidado. Privado de rosto, não tem mais de temer não conseguir olhar para si mesmo; está livre de qualquer possibilidade, já que sua identidade é volátil." (LE BRETON, 2013, p. 145)

Han (2018), citando Vilém Flusser[17], também apresenta uma argumentação que reforça esta

---

[17] Vilém Flusser (Praga, 12 de maio de 1920 — Praga, 27 de novembro de 1991) foi um filósofo checo, naturalizado brasileiro. Autodidata, durante a Segunda Guerra, fugindo do nazismo, mudou-se para o Brasil, estabelecendo-se em São Paulo, onde atuou por cerca de 20 anos como professor de filosofia, jornalista, conferencista e escritor. Suas obras foram traduzidas para diversos idiomas (Fonte: Wikipédia).

complexidade e vai questionar, inclusive, a dificuldade de ser sujeito neste contexto:

> "'Vê no ser humano apenas pó'. No universo puntiforme digital, todas as grandezas fixas se dissolvem. Não há nem sujeito nem objeto: 'Não podemos mais ser sujeitos, pois não há mais objetos dos quais pudéssemos ser sujeitos, e nenhum núcleo duro que pudesse ser sujeito de algum objeto'". (HAN, 2018, p. 83)

A volatilidade é preeminente, e o sujeito um adicto desta. Cabe uma reflexão do lugar que este ocupa no seu universo virtual já que, no mundo físico, lugares e territórios estão limitados.

## SOBRE O ESPAÇO: TERRITÓRIO E LUGAR/NÃO-LUGAR

O território é delimitado e o lugar é limitado a uma identificação. Como pode se observar, em ambos aparecem a palavra limitado; porém, com uma grande diferença. Para o arquiteto, urbanista e filósofo Virilio (2014, p. 9), a ruptura dos limites não está tão mais relacionada ao espaço físico (cadastro, setor urbano, etc.), mas, principalmente, na duração que a tecnologia, que não cessa de se modificar através de uma série de interrupções (desemprego, trabalho autônomo, etc.) e ocultações sucessivas ou simultâneas, que visam organizar e desorganizar o meio urbano, ao ponto de provocar o declínio e degradação dos locais.

O antropólogo e etnólogo Augé (1994, p. 32) traz

uma reflexão em torno de três grandes mudanças a serem consideradas: o tempo, o espaço e o sujeito portador do ego, com o olhar para o excesso e sua supressão. Para o autor, é necessário um olhar para o passado, para a compreensão dos fenômenos contemporâneos.

O autor cita que Freud usava a expressão "homem comum" (em alemão: *der gemeine Mann*) para opor ao conceito de individuo reflexivo, este que é alienado e um observador de sua própria alienação, que encontra, nesta necessidade, uma maneira de existir na relação com outrem. O ilimitado do virtual nos provoca a um não-lugar, não com a mesma definição de Augé, mas que precisaremos rever na proposta clínica deste texto.

## EXCESSOS

Como vimos anteriormente, o corpo é importante para a reflexão do não-lugar. Não somente o corpo físico ou virtual, mas o corpo social em aglomerações traz um desempenho jamais alcançado de um gozo transiente, que vem e vai na velocidade da luz (ou dos bits). Um excesso precisa ser constatado, ou vários.

Augé (1994, p. 42) cita três excessos: a superabundância factual, a superabundância espacial e a individualização das referências são a matéria-prima perene (para a antropologia e para este texto) — componentes que somam, sem se destruírem. Um lugar é definido como tendo sentido para os seus habitantes através de algum tipo de identidade, símbolo e relação com os demais habitantes do lugar. Consequentemente, o não-lugar é definido como ausente de história e de identidades. É um lugar de passagem (shopping centers, aeroportos, pedágios, etc.), onde uma identidade é exigida (passaporte, cartão de crédito, etc.). É uma construção complexa e contraditória. É um lugar de ninguém, com grande movimentação de seres, de uma multidão.

Segundo Deleuze (2008, p. 226), "nas sociedades de controle (...) o essencial não é mais uma assinatura e nem um número, mas uma cifra: a cifra é uma senha, ao passo que as sociedades disciplinares são reguladas por palavras de ordem (tanto do ponto de vista da integração, quanto da resistência). A linguagem numérica do controle é feita de cifras, que marcam o acesso à informação, ou a rejeição. Não se está mais diante do par massa-indivíduo. Os indivíduos tornaram-se *dividuais*, divisíveis, e as massas tornaram-se amostras, dados, mercados ou 'bancos'".

Vamos tentar compreender o que esta cifra faz ao sujeito e como seu desejo de reconhecimento surge em meio aos acessos a tantos dados.

## DESEJO DE RECONHECIMENTO

Passo a elaborar uma cadeia de significantes que nos ajudem na compreensão do desejo de reconhecimento. Iniciaremos por significantes da ciência da informação.

Um dado (*data,* em inglês) como "algo atribuído a um objeto cognoscitivo enquanto característica que expressa a essência constitutiva do mesmo, sem explicitar os demais predicados, e as possíveis significações acidentais" segundo Semidão (2014, p. 71). O dado tem a essência, mas lhe falta muito.

A informação para ele pode ser representada pela "ação de informar algo contra uma pessoa ou acusá-la de algo" (idem, p. 77). É por uma acusação e pela linguagem que o sujeito nos fala: "este não sou eu" ou "este corpo não é meu", em referência às características que escaparam ao seu corpo "dado".

Como um último significante capturado (idem p. 78), o Conhecimento é conceituado "como ato de tornar a assimilar o que já estava assimilado (...) a dimensão processual do conhecimento não se daria a partir de elementos externos como fatos e informações e nem seria objeto de comunicação, já que a operação se daria dentro do âmbito do que já fora conhecido, como um tornar a conhecer (re-conhecer)".

Desta cadeia de significantes: o dado, a informação e o conhecimento, podemos extrair outros três significantes, que podem ser úteis neste texto: significações acidentais, acusação e re-conhecimento. É também com esta nova cadeia de significantes que gostaria de pensar a questão do não-reconhecimento deste corpo como seu maior representante social, função entregue a seus avatares.

Já, na leitura de Torres (2016)[18], encontramos mais alguns significantes interessantes para agregar à nossa reflexão. Ele ressalta que a psicanálise coloca uma operação clínica de alta mobilização: mobilizam-se vários setores da experiência social para poder dar conta

---

[18] Em sua entrevista a Vladimir Safatle.

daquilo que parece ser, em última instância, um sofrimento individual, um sofrimento psíquico individual. Mas se rebate o sofrimento psíquico interior do sofrimento social; ele é desdobrado em todos os seus campos, mobilizam-se outros setores para conseguir garantir a eficácia da sua intervenção. Este tipo de reflexão sobre o que é a clínica é muito singular da psicanálise e, para quem vem da filosofia [diz ele] trata-se de uma experiência extremamente rica.

Para Safatle, é impossível compreender a clínica lacaniana sem o conceito de reconhecimento. Ele afirma que uma das ideias tradicionais é que o uso do problema do reconhecimento é muito localizado em Lacan, e que ele teria desaparecido quando abandona o conceito de intersubjetividade. Ele sugere observarmos que Lacan (1972-73/2008) fala que é possível pensar modalidades de reconhecimento que não são necessariamente os reconhecimentos intersubjetivos. O autor pensa que Lacan procurava um tipo de reconhecimento que não é mais um reconhecimento, de certa forma, entre sujeitos, mas entre sujeito e objeto — é o reconhecimento de que há algo da opacidade dos objetos que causam e que me constituem. Essa ideia de reconhecimento seria fundamental, segundo ele.

Diz Safatle, na entrevista a Torres:

> "(...) parece-me que retirar o conceito de reconhecimento do campo clínico nos deixa numa situação tal, que é impossível explicar a diferença entre ter uma experiência e sofrer algo do qual eu não tenho um saber. Ter uma

experiência é um processo que exige certa elaboração, um modelo de elaboração, um modelo de implicação; preciso me implicar na experiência, e essa implicação tem um nível de reflexividade, mesmo que esse modelo passe por uma série de outras coisas que não sejam a pura experiência do pensamento (mas que é a implicação sensível, uma certa implicação no que diz respeito na sua maneira de relacionar ao seu desejo). Existe uma implicação, e isso é um dado fundamental. Essa é uma discussão que me parece que todo psicanalista compreende de maneira muito clara: o sujeito precisa se implicar em seu sintoma. O que significa, porém, implicar-se, senão se reconhecer? (...). Por isso, acho que a questão interessante para a psicanálise é pensar novas formas de reconhecimento. (...) Por isto uma boa parte do meu trabalho foi tentar pensar formas de reconhecimento que não seriam formas intersubjetivas de reconhecimento — o reconhecimento de si na figura de um objeto, o reconhecimento antipredicativo." (TORRES, 2016)

Safatle (2015) escreve sobre este conceito: "Falar em 'reconhecimento antipredicativo' só faria sentido se pudéssemos afirmar a necessidade de algo do sujeito não passar em seus predicados, mas continuar como potência indeterminada e força de indistinção. Como se aprofundar as dinâmicas de reconhecimento não passasse por aumentar o número de predicados aos quais um sujeito se reporta, mas que passasse, na verdade, por compreender que um sujeito se define por portar o que resiste ao próprio processo de predicação".

A busca por novas formas de reconhecimento pode ser uma das novidades em relação à aglomeração em não-lugares, na busca da imagem que identifica com modelos ou classificações transitórias. Acredito que temos uma oportunidade de reavaliar o conceito das redes sociais e promover novos não-lugares, sem a necessidade de aglomerar-se em torno de nada, ser hibridamente flutuante, ser humanamente antipredicativo.

# 4 SOBRE SUJEITO, IDENTIFICAÇÃO, FETICHISMO E O CIBORGUE

## POR QUE EU NÃO VOU PARA MARTE?

Na minha infância pensava em ser astronauta, como muitos. Porém, sempre me falavam que não havia astronautas brasileiros. Havia nascido no país errado, me diziam! O conceito de não ser parte de um todo universal sempre me incomodou e, por isto, sempre houve questionamentos sobre porque nos fragmentávamos em nações, raças, credos, posições políticas, escolhas sexuais, etc.

Depois, veio o desejo por motos e aviões — ser piloto e voar, seja na terra ou no ar, passava a substituir o desejo do astronauta. Para encurtar esta história, o desejo transformou-se mais uma vez e se direcionou para a tecnologia, que era possível, mesmo que num

TK-85[19] ligado em um gravador de fita cassete com áudio mono e uma TV onde apareciam letras verdes.

Comecei a programar com 13 anos neste pequeno computador com 16 Kb e, hoje, utilizo um smartphone com 4 Mb de memória (256 vezes mais capacidade que este computador da década de 80). Talvez aqui comece um ponto importante para a nossa análise, uma vez que o smartphone passou a ter mais capacidade e milhares de funções adicionais do que aquele dispositivo dos anos 80.

Ora, estas 256 vezes estão se tornando milhões de vezes a cada nova versão de um computador quântico lançado por grandes empresas em laboratórios e que em 2019 passaram a ser comercializados (ainda que somente para grandes empresas). Aquele sonho de ver a Terra lá de cima passa a não ser mais apenas uma ideia, mas uma necessidade, virou uma empresa, um negócio. O movimento da ciência em direção a encontrar um novo lar, uma nova colônia, como nos filmes de ficção científica, está cada vez mais próximo de acontecer. E, como nos conflitos dos filmes, não será para todos — aliás, será para poucos eleitos, escolhidos para criar um novo grupo, entre aqueles que podem dar "orgulho à raça humana". Grandes cientistas, filósofos, os melhores corpos, os melhores genes, os mais imunes às doenças

---

[19] O TK 85 foi um clone do Sinclair ZX-81 (mais precisamente um clone do Timex Sinclair 1500), fabricado no Brasil pela Microdigital Eletrônica Ltda num gabinete idêntico ao do ZX Spectrum. Utilizava o microprocessador Z-80A de 8 bits e foi produzido em versões de 16 kB e 48 kB de memória RAM. Fonte: Wikipédia. Acesso em: 25 dez. 2018. Disponível em: <https://pt.wikipedia.org/wiki/TK_85 >.

marcianas, etc.

A colônia "da vez" não é uma estação espacial, mas um planeta menor que o nosso, com água congelada no subsolo e tempestades e clima de fazer inveja às nossas enchentes e ao calor insuportável do verão no Rio de Janeiro.

A verdade é que estamos próximos de uma solução que talvez passe por robôs, ciborgues, replicantes, super-humanos geneticamente transformados, etc., para suportar a natureza deste novo lugar. Lá, provavelmente, a perfeição será levada ao extremo, as margens de erro serão pequenas e não poderão aceitar desvios até que, um dia, o novo lugar esteja dominado a ponto de subverterem a ordem e a lei em prol de busca por prazer.

> "No lugar de proibição, mandamento ou lei, entram projeto, iniciativa e motivação. A sociedade disciplinar ainda está dominada pelo não. Sua negatividade gera loucos e delinquentes. A sociedade do desempenho, ao contrário, produz depressivos e fracassados." (HAN, 2015, p. 25)

Por que eu não vou para Marte? Primeiro, porque como não pude sonhar em ser astronauta, por nascer em um país com poucas oportunidades para isto, não nasci com qualificações suficientes para uma primeira fila de convidados — e mesmo que pudesse, ainda teria dúvidas em ir para um outro planeta só com passagem de ida. Há, nesta viagem, uma repetição da inscrição do ser humano na cultura e em sua luta contra a Natureza que me surpreende e assusta.

Este tipo de movimento, dito salvador, só aumenta a distância entre nós e o nosso desejo, que é, desde o início, perverso e polimorfo. Agora, resta a solidão de ser emissor e receptor de seus próprios afetos — onde está o outro?

A inscrição de indivíduos na cultura gerou sujeitos divididos, mas conseguimos com a nossa fuga da realidade e sintomas dar um jeitinho de suportar esta divisão. Só que os sintomas já não funcionam mais como antigamente, e esta é minha segunda boa razão para não ir para Marte. Explico.

Duas gerações antes da minha, o círculo de amigos de meus avós era restrito aos vizinhos e parentes próximos. Ao alcance da palavra, somente os mais fisicamente próximos. Esta geração fazia o velório de seus mortos em casa, e recebia o afeto de seus próximos, porque estes eram fisicamente e presencialmente próximos. Quando um filho se desviava de um padrão normativo, a assembleia de parentes e amigos se reunia para aconselhar e tentar ajudar, "só não metiam a colher em brigas de marido e mulher" como diriam. Havia um lugar de escuta.

Com a chegada da tecnologia, sem percebermos, pudemos nos relacionar com cada vez mais pessoas, e a distância entre nós deixou de ser impedimento através dos dispositivos eletrônicos; porém, ampliamos as distâncias relacionais ao ponto de quase não vermos mais as pessoas, somente textos, áudios — são pequenos fragmentos.

Trabalhamos para ter mais tecnologia, comprar mais

dispositivos, em troca de conviver menos presencialmente com as pessoas? A cadeira na rua, o churrasco na esquina ainda tem por aqui, nos subúrbios das grandes cidades ou no interior do País, mas aquela conversa mais íntima vejo raramente, a escuta está desaparecendo. A necessidade de se construir imagem de si mesmo, de expor menos as vulnerabilidades, aumentou. Então, se incluirmos um foguete, equipamentos de sobrevivência, comida em cápsulas, provavelmente ficaríamos mais distantes ainda das pessoas em Marte — não somente lá, mas das que permaneceriam na Terra também.

O desejo de desacelerar vem na mesma proporção, pelo menos para mim, da necessidade de afeto, que é formado pela palavra e a escuta de um outro. Criamos as barreiras de afeto e, agora, queremos levá-las para Marte, multiplicadas por milhares de milhões de vezes. Seria um silêncio próximo ao nada. Quem sabe, os que ficarem, como eu, possam, mesmo morando em precariedade, num planeta abandonado, construir laços de afeto antes da destruição total do que poderemos chamar, ainda, de humanidade? Quem sabe teremos mais tempo para escutar e ser escutados em palavras vindas de desejo e não de relatos de imagens. Quem sabe, ser um ciborgue na Terra possa ser uma solução mais "humana" que fugir do planeta que estamos destruindo todos os dias, como predadores vorazes?

## SUJEITO DA PSICANÁLISE

O conceito de sujeito tem uma característica central no

discurso da psicanálise, e é necessário relembrar que não foi Freud que construiu este conceito, apesar de estar nas entrelinhas de sua obra. Capturado por Lacan, o conceito de sujeito passa a ser importante como forma de manter o movimento da análise em torno dos significantes que o sujeito traz. Entre um significante e outro, achamos um sujeito, que muda a cada novo significante.

Freud ainda mantinha o sujeito dentro do conceito do *cogito* quando do projeto, em 1895, mas que se esvaiu quando apresentou o conceito de pulsão, em 1915, em "As Pulsões e suas Vicissitudes".

> "(...) conceito situado na fronteira entre o mental e o somático, como o representante psíquico dos estímulos que se originam dentro do organismo e alcançam a mente, como uma medida da exigência feita à mente no sentido de trabalhar em consequência de sua ligação com o corpo" (FREUD, 1915/1996, p. 127)

Barroso (2012) elabora uma breve trajetória para a construção do sujeito na obra freudiana. Ela passa pelo narcisismo primário, onde a criança investe em si mesma e se prepara para um narcisismo secundário quando a pulsão é endereçada aos objetos; porém, retornando sucessivamente ao eu. A pulsão do eu e a objetal ganham estado de mesma natureza. Em resposta ao narcisismo infantil, temos a formação do ideal, que estabelece exigências intensas ao eu, trazendo à tona a necessidade de recalque, já citado no capítulo anterior, como uma barreira de negociação importante entre o que damos conta de viver, seja no mundo físico, seja virtualmente.

A torção realizada em 1920 por Freud em "Além do Princípio do Prazer" dá um novo rumo à questão do recalque, uma vez que fica definido por ele que não é possível silenciar o recalque de maneira definitiva.

> "A compulsão à repetição é que escapa ao princípio do prazer, buscando a satisfação pulsional a todo custo, impondo-a como exigência." (BARROSO, 2012)

Segundo Medeiros (2012), o Eu também se engana e condena-se a buscar eternamente a completude, um atributo de quem tudo pode ser, menos Eu. É importante para o contexto deste texto que este furo passa por um processo de proteção contra a angústia, que é a construção de uma imagem unificada. Porém, durante o percurso deste texto podemos observar uma fragmentação desta unidade a partir de novas possibilidades de identificação utilizando-se da tecnologia; virtualizando-se.

> "A contemporaneidade então emerge, estabelecendo um novo Outro a nos demandar, a nos constituir e a nos subjetivar segundo suas novas práticas discursivas. Estas se caracterizam pela onipresença da mídia produzindo uma avalanche de imagens que terminaria por asfixiar o próprio registro do Imaginário. Assim as práticas midiáticas comprometeriam a possibilidade criativa de o sujeito desejante desenhar uma estética para aquilo que lhe causa.

> Sobraria para este sujeito da pós-modernidade apenas a escolha do que já foi interpretado pelo discurso imagético do Outro." (MEDEIROS, 2012, p. 20)

A importância deste Outro, ou destes Outros constituídos a partir dos significantes das faltas, inalcançáveis, porém navegáveis, tem sua origem em um pequeno outro. Quinet (2012, p. 8) traz que Lacan desfez a ilusão de totalidade, a pretensão de síntese em torno e a miragem da unidade do Eu, mostrando que o Eu é, antes de mais nada, um outro (*autre,* em francês).

É na apresentação de seu texto "O estádio do espelho como formador da função do eu" que Lacan (1949/1998) apresenta a identificação fundamental que é dada com a imagem do próprio corpo, uma pré-formação do Eu que favorece a percepção da unidade do corpo próprio e põe fim ao fantasma do corpo esfacelado levando a identidade corporal do sujeito. Lacan apresenta três fases desse encontro com o espelho. A primeira, onde a criança percebe a imagem de seu corpo e pensa que aquilo é um ser real, uma confusão entre si e o outro. Num segundo momento, de um processo de identificação — o outro no espelho não é real, aprende que a imagem do outro é diferente da realidade do outro. Numa terceira e última etapa, ocorre uma identificação primordial: além de ter certeza que o reflexo no espelho é apenas uma imagem, ela sabe que é ela (a criança) e conquista a unidade corporal, que é a de sujeito na sua dimensão imaginária, pois é a partir de algo virtual (óptico).

"(...) a prematuridade do Eu toma seu reflexo no espelho, como um outro. Um outro pleno, potente e perfeito que, ao identificar-se com ele, o equivocado Eu vê-se, assim, mais amparado. Fusionado a este que é muito mais do que o Eu poderia ser, haveria, então, alguma esperança de que o não Eu, povoado pelo desprazer e ódio, seja derrotado em sua voracidade." (MEDEIROS, 2012, p. 26)

Não bastasse este encontro entre o eu e o pequeno outro, o sujeito ainda vai ser marcado por significantes que Lacan chama de objeto "a", que não apenas são marcas de faltas e furos ao longo de sua constituição, mas estabelecem uma relação com o Outro que traz o objeto. Quando falei anteriormente sobre um mar de Outros, e que navegamos nestes, é pela alteridade entre vários objetos "a"[20] e a dificuldade de termos algum espaço para além, que inclui espaço para análise, para um encontro com o inconsciente no campo da linguagem.

"O sujeito, portanto, se constitui, não 'nasce' e não se 'desenvolve'. Ele é a prova positiva e concreta de que é não apenas possível como absolutamente exigível e necessário que se conceba o vetor em torno do qual se organiza o

---

[20] Objeto "a" é o conceito que Lacan considera seu legado para a psicanálise. Nasce no esquema L como o outro (*autre*) em 1955 e segue modificando-se durante toda a sua obra, passando por objeto do desejo, causa do desejo, objeto de angústia, até se tornar o centro do nó borromeano em 1974.

campo de atuação da psicanálise como tendo um modo de produção que não é nem inato nem aprendido." (ELIA, 2004, p. 36)

Na questão de uma busca por identidades virtuais aparece esta navegação no mar de Outros do sujeito, como o consumo, a retenção, a primazia do falo, o domínio das imagens, ou do "goze!" do superEu, que é sem nomeação: gozar de que? De qualquer coisa, ora!

## A FORÇA DA IDENTIFICAÇÃO

Chama a atenção a necessidade da identificação e a sua força. Esta que não cessa de acontecer no ser falante. Freud (1921/1996) a anuncia como título do capítulo VII da "Psicologia de grupo [das massas] e análise do ego [eu]", como um primeiro laço de sentimento a uma outra pessoa, o que pressupõe que já temos, neste momento, o campo do Outro, onde se constitui o sujeito para a psicanálise.

> "A Identificação é conhecida pela psicanálise como a mais remota expressão de um laço emocional com outra pessoa." (FREUD, 1921/1996)

Na observação clínica, verifico que alguns destes avatares, que se virtualizaram para, justamente, fugir a esta demanda por identificação, sentirem tamanha angústia, que após anos gozando de seus avatares, decidem colocá-los em um divã para questionar se há algum motivo para permanecer com seus corpos ou avatares ativos. Há uma grande dificuldade de convivência com esta multiplicidade de identificações, quando chegam a pedir ajuda. Alguns chegam a relatar como seria bom se, um dia, pudessem conectar seus cérebros a uma máquina e viverem sem corpo social, o tal diplomático de Sampaio, que falamos no capítulo 3 deste texto.

O que não percebem é que, sem o outro, os "objetos a", os Outros que os trouxeram e que ficaram como mar de navegação de uma busca sem fim, não seria possível ter avatares. Os avatares são o outro, sentem a falta de "a" e navegam muito mais rápido no mar de Outros. É desta aceleração surpreendente que elaboro esta força da identificação.

A reação de cada um deles a esta adrenalina que vem dos excessos, sobre o que também falamos anteriormente, é que surge uma busca por um botão de desligar, ou de "resetar" que aparece na clínica contemporânea.

Não seria mais um discurso de suicídio, ou de "odeio a vida", mas de "preciso reiniciá-la, como faço?". As demandas são uma *overdose*, e o desejo sumiu. Como não atenderemos às demandas do analisando na clínica, o que nos sobra fazer? Investir em um novo desejo é minha melhor hipótese, oferecer um novo olhar como mais um Outro no mar de Outros.

Esta imensidão de Outros vem da imensidão de faltas? Que construções foram essas para esse sujeito? É somente uma nova subjetivação acelerada, ou tem uma camada antes? Camada esta responsável pela falta de estabilidade do sujeito em sua fantasia.

O aperfeiçoamento da estrutura neurótica está

dominando o cenário e transformando a estrutura perversão em mero ferramental comum?

## O FETICHISMO

É estranho até mesmo para mim trazer o conceito de fetichismo para este texto. Em um primeiro momento, perguntei-me o que teria a ver a substituição do pênis da mãe por um objeto inanimado, com o assunto aqui abordado.

Porém, ao ler o livro "Fetichismo – colonizar o Outro", de Safatle (2010), fui provocado a olhar o conceito de outra maneira que não apenas mais um item na lista das perversões.

Iniciemos pelo título: se eu já vinha pensando na dificuldade da navegação em um mar de grandes Outros, a colonização de um ou mais destes Outros já era suficiente para que investisse meu tempo em analisar o que o autor havia escrito.

Outro ponto importante, é que o fetichismo, na psicanálise, traz o conceito de "renegação" ou "desmentido" (em alemão: *Verleugnung*[21]), que complementa o conceito de recalcamento, ou do duplo recalcamento proposto por Sampaio e relatado no

---

[21] O que o termo alemão evoca, em primeiro plano, não é uma postura negativa de discordância com relação ao conteúdo do objeto, mas a contestação da veracidade de sua existência. O que é "desmentido" é a própria existência do objeto (...) Há uma certa ambiguidade entre verdade e mentira, que somente o contexto poderia retirar do termo. Permanece, assim, um "diálogo" sobre a existência ou não do conteúdo negado. (HANNS, 1996)

capítulo 3. Outro conceito importante é o de clivagem (em alemão: *Spaltung*[22]) do Eu, retornado por Freud em 1938 em seu não texto inacabado "A clivagem do Eu e os mecanismos de defesa", e o faz "para elevar a operação de desmentido a uma forma peculiar de organização psíquica necessariamente pressuposta pelo processo de formação do Eu (...) De operador de distinção entre sociedades 'primitivas' e forma de vidas submetidas a princípios modernos de racionalização e desencantamento, o conceito passará a servir para designar uma estranha forma de encantamento presente no coração de nossas sociedades". (SAFATLE, 2010, p. 93)

Segundo o autor, não se trata de uma clivagem do psiquismo em várias instâncias, mas, ao contrário, é a clivagem no interior de uma instância psíquica: o Eu.

Antes, para Freud, a clivagem era uma forma particular de suspensão de conflitos psíquicos, mas, agora, ele considera que pode haver algo de "normal" nisto, para dar conta de enfrentar a descoberta da castração pela criança. Apesar de já aparecer como uma operação frequente em outros textos, neste caso Freud está aceitando o prolongamento da sustentação desta clivagem na vida adulta como resultando em um posicionamento em relação ao mundo que dá sustentação a este sujeito.

---

[22] Não incluído no dicionário de Hanns dos termos usados por Freud. Apenas cita a tradução para o português como "cisão" ou "clivagem" (HANNS, 1996).

"A questão fundamental aqui se refere, principalmente, à modificação no regime de organização psíquica do Eu e, por consequência, na tecnologia de intervenção clínica que a atualidade exige. Pois talvez precisemos de uma teoria da mente na qual o recurso ao recalque e à repressão é secundarizado em prol de usos cada vez mais extensivos do *Verleugnung*." (SAFATLE, 2010, p. 103)

Por causa deste posicionamento em relação ao mundo que dá sustentação a este sujeito, considero que precisamos, como psicanalistas, questionar a perversão como estrutura e a sua utilidade prática na clínica. A visão neste texto está sempre circundando sobre saídas do sujeito que atravessam este terreno estranhamente ainda colocado fora do comum, que são as ferramentas perversas comuns utilizadas para aliviar a pressão das pulsões do sujeito. Aproveito para ressaltar que as estruturas são importantes para o trato clínico, para a direção do tratamento, mas, uma vez estabelecida esta direção, perdem o sentido de permanecerem como fronteiras para a análise do sujeito.

Voltemos um pouco à história do fetichismo, pela primeira vez enunciado em 1756 por Charles de Brosses. O conceito visava estabelecer limites entre as sociedades esclarecidas e as primitivas pretensamente vítimas de um sistema encantado de crenças supersticiosas (fundamentalmente definido como culto de objetos inanimados).

Em torno do nosso tema, a tecnologia e o sujeito e suas identificações, temos uma aproximação entre o encantamento e o desencantamento. Acabamos por sustentar um mito individual, apesar de toda a descrença. Para Safatle, somos todos um pouco fetichistas e vivemos no registro do "Eu sei bem, mas mesmo assim". Ele ainda afirma que "manter duas ideias opostas na mente ao mesmo tempo e não perder a capacidade de funcionar tornou-se uma característica dominante na sociedade atual". (SAFATLE, 2010, p. 19).

Parece-me muito comum, na clínica, que o sujeito venha com um ponto de insistência deste tipo, desencantado por algo que ele está encantado, sem conseguir "largar esse osso". E também é meu sentimento que ainda se busca muito no estudo do masoquismo, nas relações com o superEu, ou na reação terapêutica negativa uma explicação para isto, esquecendo que pode-se tratar de uma ação comum de um sujeito dividido contemporâneo. O que venho propor, já que fui atingido pelo tema, em meio aos devaneios tecnológicos deste texto, a incluírem o fetichismo como parte da investigação analítica. Um estudo mais aprofundado na obra de Freud, na arqueologia do conceito e na evolução pós-freudiana pode ser um bom tema de pesquisa.

Fico no raso desta argumentação para continuar e apresentar, a seguir, uma teoria feminista importante para o tema, a partir do "Manifesto Ciborgue", de Donna Haraway.

## MANIFESTO CIBORGUE

O manifesto ciborgue é uma forma de construção de um mito irônico e polêmico. Dona Haraway faz uso deste manifesto para problematizar uma série de pressupostos do pensamento contemporâneo sobre subjetividade, tecnologia, ciência, gênero e sexualidade.

> "O paradigma do ciborgue alimenta um fascínio da máquina inteligente e quase viva com o sentimento compensatório da obsolescência do Homem, do anacronismo de um corpo cujos elementos se degradam e exibem uma temível fragilidade com relação à máquina (...) o corpo é a fonte de todas as injustiças e de todos os sofrimentos. Em vez de propor uma outra perspectiva com relação a ele, ela reivindica sua eliminação radical em proveito da máquina." (LE BRETON, 2013, p. 207)

Desde o início deste texto, falamos sobre fuga, sobre o adeus ao corpo e sobre como construir imagens para dar conta desta denegação (pois sabemos o que estamos fazemos e negando). Das dificuldades apresentadas no posicionamento do sujeito quanto ao seu não-lugar neste contexto, tivemos de divagar por devaneios, por redes e por fetiches. Surpreendo-me com a nossa capacidade de encontrar novos objetos para a libido e novas modalidades de tentativa de dar sentido, mas o furo atrapalha. O tal furo entre a verdade e o real, em Lacan.

> "(...) o corpo é uma forma desastrada que tornou inúmeras opressões de sexo, de classes, de grupos, etc. A dissolução do corpo, ou melhor, sua

superação no ciborgue conjura toda imperfeição e deixa o campo livre, graças às técnicas de informação contemporâneas, para uma liberação política do sujeito além de qualquer dualismo capaz de voltar contra uns e outros em proveito de um poder qualquer. Só existe injustiça por causa do corpo; a orientação da humanidade em direção ao ciborgue é um remédio radical." (LE BRETON, 2013, p. 210)

Haraway apresenta este real de uma forma polimorfa e perversa, o ciborgue, aquele que abandona as formas corpóreas, o Édipo, a castração, a lei do pai, que não depende mais da lei da mãe, pois pode ser concebido *in vitro*. Ela tenta jogar tudo para o alto, abandonar as formas de constituição de um sujeito que sequer deseja ser sujeito. Nem isto é determinado, é tudo conjunto aberto, bem mais parecido com o infinito da verdade no real, de Lacan. Inalcançável. Ela o faz em busca de um questionamento do feminismo americano para a quebra das inúmeras situações de transversalidade entre o feminismo branco e as pessoas de cor (negros, latinos, nativos, etc.).

"O corpo não é somente um acessório a ser retificado; percebido como um anacronismo indigno, um vestígio arqueológico ainda ligado ao Homem, é levado a desaparecer para satisfazer aqueles que buscam a perfeição tecnológica." (LE BRETON, 2013, p. 211)

A minha aproximação com este manifesto se dá no alerta que desejo deixar aos leitores deste texto sobre o avanço da tecnologia em detrimento do corpo. O Homem que deseja ser ciborgue para se libertar deste corpo, ao não se implicar no caos que esta perfeição tecnológica pode trazer, ainda tem a oportunidade de rever este destino, buscar um reconhecimento antipredicativo, como citado por Safatle no capítulo 3, buscar uma aceitação no seu fetichismo, ou no hibridismo de suas identificações.

Haraway nos fornece mais detalhes em seu manifesto e nos provoca à reflexão. Ela intitula de "mulheres no circuito integrado" e pede que a navegação na lista seja dispersa, como ela diz: a tarefa é sobreviver na diáspora. Passo a resumir uma parte desta lista a seguir, por considerar interessante o exercício de um tipo de leitura flutuante que ela sugere.

- Casa: lares chefiados por mulheres; monogamia em série; fuga dos homens; mulheres de idade vivendo sozinhas; trabalho de casa remunerado e com ferramentas tecnológicas adequadas; trabalho em serviços e tecnologia em casa, sem necessidade de alta qualificação; arquitetura modular (...).

- Mercado: mulheres consumindo; mudança de focos de mercado de consumo; crescimento do mercado informal de trabalho; mobilidade extrema em mercado e financiamento; interpenetração entre o mercado sexual e o mercado laboral; sexualização intensificada do consumo abstrato e alienado (...).

- Local de trabalho remunerado: persistência e intensificação da divisão racial e sexual do trabalho; novos arranjos de tempo para facilitar a economia do trabalho doméstico; número significativo de assalariados no mundo tod,o que não têm nenhuma experiência ou mais nenhuma esperança de emprego estável; uma maioria da força de trabalho que se torna "marginal" ou "feminizada" (...).

A autora ainda cita uma lista para "Estado", "Escola", "Clínica-hospital" e "Igreja". Considero os itens acima uma aproximação da fuga, do tédio, da falta de esperança, do não-lugar nos itens relatados por ela, em consonância com a dificuldade do nosso sujeito-híbrido deste texto em elaborar suas identificações e em se colocar no mundo, em laços com este mundo.

Haraway fala da insegurança, do empobrecimento cultural, com um fracasso generalizado das redes de subsistência para os mais vulneráveis, uma vez que grande parte deste quadro está conectado com as relações sociais da ciência e da tecnologia. É urgente um engajamento político em torno do tema tecnologia e a proposta é que a psicanálise participe mais deste tema.

# CONSIDERAÇÕES FINAIS

A proposta deste texto é realizar uma navegação em torno do tema da psicanálise e da tecnocultura. Acredito que deixei muito mais perguntas do que respostas.

Apresentei percepções a partir das referências bibliográficas e que estão divididas em dois grupos, com dois olhares: um para as faltas e outro para os excessos.

O primeiro grupo de percepções trata da questão da identificação:

- Faltas:
    - referências coletivas;
    - ação e/ou implicação em escolhas.

- Excessos:
    - redes demais;
    - dinâmica de participação excessiva;
    - ilusão de sincronismo;
    - existe um poder dos fluxos ao invés

de fluxos de poder.

O segundo grupo de percepções trata da questão do não-lugar:

- Faltas:
  - História (mas tem histórias);
  - identidade coletiva (mas tem identidades flutuantes).
- Excessos:
  - espacial (miragens em excesso);
  - factual (busca por sentidos);
  - referências individualizadas.

A partir destas percepções, pode-se concentrar a temática em alguns eixos de reflexão:

- a existência de um não-lugar, ausente de história e identidade;
- a existência de um novo não-lugar que tem histórias e identificações flutuantes;
- uma necessidade de viver em redes, sem um questionamento do porquê fazê-lo;
- a existência de um conjunto de ferramentas para esta vivência contemporânea, como: devaneios, em Freud; o hibridismo, em Latour; desaparecer de si, em Le Breton; o cansaço e a vida em enxames, em Han; o ciborgue, em Haraway; o fetichismo e o reconhecimento antipredicativo, em Safatle; os recalcamentos, em Sampaio.

Foi, então, apresentada duas hipóteses para os sujeitos, que tocam os eixos acima:

- sujeitos que não aceitam um não-lugar e,

através da fuga e por tédio, fazem uso das imagens e as ferramentas acima, estabelecendo uma fronteira entre o mundo físico e o virtual (binarismo por purificação);

- sujeitos que criam um não-lugar e que desejam que este seja reconhecido; fogem da purificação e do estabelecimento de fronteira e podem ser traduzidos como híbridos.

É com estas percepções, eixos de reflexão e as duas hipóteses que passo a tecer minhas considerações finais.

Apesar deste passeio lúdico, a questão é séria, e o propósito é chamar a atenção do leitor sobre um sujeito que se apresenta em uma clínica e provoca uma dificuldade ao analista, por vir impactado por uma ciência e uma tecnologia espetaculosas.

Criar uma clínica de um não-lugar ou a clínica do híbrido me parece algo complexo e desafiador, mas acredito que a psicanálise é fundamental neste processo de discussão. E a principal delas é a ética e a política, questionando os binarismos, fronteiras que estão desfragmentando corpos e mentes, que está na raiz da proposta psicanalítica.

Talvez não seja uma nova maneira de analisar, que é impossível, mas de mover-se e trabalhar em direção a algo parecido com uma nova maneira de olhar conceitos já consolidados, como o sujeito, as estruturas, o masoquismo, o fetichismo, etc., e incluir a ciência e a tecnologia como impactante destes na contemporaneidade.

O sujeito cada vez menos identificado com as estruturas tradicionais, como a família, a sociedade, a religião, entre outras, e cada vez mais implicado em identificações virtuais, busca na clínica um apoio em situações extremas, ou não a encontra no percurso destas implicações por não estarmos preparados para a escuta. Não raramente, deparo-me com o preconceito contra quem vive uma vida virtualizada — no meio psicanalítico inclusive — como se fosse apenas mais um modismo.

> "O digital submete a tríade lacaniana do real, do imaginário e do simbólico a uma reconstrução radical. Ele desconstrói o real e *totaliza o imaginário*. O *smartphone* funciona como um espelho digital para a nova versão pós-infantil do estágio do espelho. Ele abre um espaço narcísico, uma esfera do imaginário na qual eu me tranco. Por meio do *smartphone* o *outro* não fala." (HAN, 2018, p. 44-45)

O mundo mudou e o avanço tecnológico é irreversível, e as subjetividades também aderem às mudanças. As imagens estão fazendo os corpos desaparecerem e se tornarem não somente idealizados, como fragmentados. O encantamento vem seguido pelo desencantamento, a paixão pela violência, com a liberdade extrema vem a paralisia. Com o olhar do outro, a solidão.

> "O olhar é o *outro* na imagem, o outro que me olha, que me prende e me fascina. (...) Como olhar do outro, ele se opõe frente ao olho que se refestela na imagem. Ele perfura o refestelar dos olhos e coloca em questão a minha liberdade. A

narcisificação da percepção leva o olhar, o outro, ao desaparecimento." (HAN, 2018, p. 48-49)

É realizar o chamado de Freud e Lacan de prosseguir, a partir destes, com a psicanálise e seus restos. Uma nova geração de fantasmas se torna cada vez mais voraz, os objetos passaram a ter vida e a fazer laços com o sujeito, e o sujeito se tornou objeto das coisas.

> "A nova geração de fantasmas, a saber, os digitais, se tornam (...) mais vorazes, mais audazes e barulhentos. As mídias digitais não iriam de fato "além da força humana"? Elas não levariam a um rápido, não mais controlável aumento dos fantasmas? Não desaprendemos com elas, de fato, a pensar em uma pessoa distante e a tocar uma pessoa próxima? A Internet das Coisas produz novos fantasmas. As coisas, que antigamente eram mudas, começam, agora, a falar." (HAN, 2018, p. 96-97)

Faz-se necessário a redefinição do conceito de não-lugar, que neste texto foi apresentado como ausente de história e de identidade. Precisamos, para iniciar a elaboração de uma Clínica de Não-lugar, da aceitação das histórias contadas pelos avatares ou, futuramente, androides e de suas identidades flutuantes. A dificuldade — ou a resistência, se preferir — está no analista, que não acompanha essa navegação intensa. Aquém do consumo imenso de energia para navegar junto ao analisando, que está utilizando de toda a sua jovialidade em prol disto, temos os nossos próprios modelos, conceitos de sujeito, subjetividade, identificação, etc., a nos balizar como clínicos.

O novo não-lugar é legítimo, híbrido, que não estabelece fronteiras entre o mundo físico e o virtual. Neste novo espaço topológico, o sujeito pode se estabilizar com suas ferramentas virtuais, com suas perversões comuns. Mediante o desaparecimento de si mesmo, que falamos no decorrer deste texto, ele encontra possibilidades de vida e de sustento — as mais estranhas, mas possíveis. A movimentação, tanto da geração de renda, dos discursos, dos laços, das formas de sexuação, são inovadoras e nos assustam; porém, é com elas que estaremos trabalhando como escuta do inconsciente e fazendo as nossas interpretações em direção às faltas e agora, também, aos excessos.

O novo não-lugar permite que as faltas e excessos façam junção como gozo do sujeito. Novamente, podemos continuar com o par inconsciente e gozo como foco principal deste tipo de clínica de não-lugar.

Tem gozo na criação das fronteiras dos sujeitos da primeira hipótese e tem gozo na não criação das fronteiras dos sujeitos da segunda hipótese. Fuga ou criação levam, ambos, a posições de gozo e de consumo de ferramentas de perversão comum.

Esta clínica de não-lugar para existir deve passar a ser presencial e virtualizada, como ambos fazem com suas identificações flutuantes ou fugas. Ora fogem para o presencial, ora para o virtual, ora criam novos ambientes para estar. Estejamos por lá como analistas, fazendo uso de uma linguagem comum, de uma escuta apurada para ouvir o inconsciente dos avatares, sem a necessidade de interferir nas escolhas, mas disponibilizando a interpretação a serviço do aparecer para si mesmo, mesmo que seja em forma de avatar, e utilizar um manejo secretarial quando for necessário para sustentar a fala deste sujeito em seu desaparecimento.

O esforço desta clínica é de evitar que o desaparecer de si mesmo leve o sujeito para o nada absoluto sem a nossa disponibilidade como escuta. Respeitar o desejo da morte é importante, mas a disponibilidade para escutar a vida que ainda não desapareceu ou que permanece inconsciente é uma ética do psicanalista.

Deixo estas reflexões como uma possibilidade para o avanço da experiência analítica na sociedade em redes e as oportunidades para a continuidade da pesquisa, que têm como objetivo, a longo prazo, provocar a psicanálise — incluindo-me — a se posicionar diante da problemática apresentada neste texto.

Com certeza, terei muito a estudar, pesquisar, trabalhar e escrever até o resto dos meus dias através deste tema tão complexo. Espero que outros leitores possam vir comigo nesta incrível jornada.

# REFERÊNCIAS BIBLIOGRÁFICAS

AUGE, M. **Não-lugares:** introdução a uma antropologia da supermodernidade. Campinas: Papirus, 2010.

BARROSO, A. DE F. **Sobre a concepção de sujeito em Freud e Lacan.** Barbaroi, v. 36, p. 149–159, jun. 2012.

BOTELHO, J. A. **A Invenção de Morel**, [s.d.]. Disponível em: <https://goo.gl/tvEq9a>. Acesso em: 4 mai. 2018

CASARES, A. B. **A Invenção de Morel**. São Paulo: Biblioteca Azul, 2016.

CASTELLS, M. **A Galáxia da Internet:** Reflexões sobre a Internet, os negócios e a sociedade. Rio de Janeiro: Zahar, 2003.

CASTELLS, M. et al. **A Sociedade em Rede**. São Paulo: Paz e Terra, 2008.

DELEUZE, G.; PELBART, P. P. **Conversações**. São Paulo: Editora 34, 2008.

DERRIDA, J. **Mal de arquivo:** uma impressão freudiana. Rio de Janeiro: Relume Dumará, 2011.

DICK, P. K. **Androides Sonham com Ovelhas Elétricas? (1968).** São Paulo: Aleph, 2014.

ELIA, L. **O Conceito de Sujeito** in Psicanálise Passo-a-Passo. Rio de Janeiro: Zahar, 2004, volume 50.

FLORIDI, L. **The Onlife Manifesto**. Cham: Springer International Publishing, 2015. p. 7–13.

FREUD, S. **Carta de Freud a Fliess em 7 de Julho de 1898** (carta 92). In: MASSON, J. M. (Ed.). A correspondência completa de Sigmund Freud para Wilhelm Fliess (1887-1904). Rio de Janeiro: Imago, 1986. p. 320–321.

FREUD, S. **Escritores Criativos e Devaneios (1907)**. In: Obras psicológicas completas de Sigmund Freud: edição standard brasileira. Rio de Janeiro: Imago, 1996, v. IX, p. 135–143.

FREUD, S. **As Pulsões e suas Vicissitudes (1915)**. In Obras psicológicas completas de Sigmund Freud: edição standard brasileira. Rio de Janeiro: Imago, 1996, v. XVIII, p. 13-78.

FREUD, S. **A Psicologia de Grupo e a Análise do Ego (1921)**. In Obras psicológicas completas de Sigmund Freud: edição standard brasileira. Rio de Janeiro: Imago, 1996, v. XVIII, p. 79-156.

FREUD, S. **Além do Princípio do Prazer (1920)**. In Obras psicológicas completas de Sigmund Freud: edição standard brasileira. Rio de Janeiro: Imago, 1996, v. XIV, p. 115-144.

GILMORE, R.; PENIDO, A. **Alice no País do Quantum:** a física quântica ao alcance de todos. Rio de Janeiro: Jorge Zahar Ed., 1998.

HAN, B.-C., **Sociedade do cansaço**. Petrópolis, RJ: Vozes, 2015.

HAN, B.-C., **No Enxame:** perspectivas do digital. Petrópolis, RJ: Vozes, 2018.

HANNS, L. A. **Dicionário comentado do alemão de Freud**. Rio de Janeiro: Imago, 1996.

HARAWAY, D. J.; KUNZRU H.; TADEU T. **Antropologia do Ciborgue:** as vertigens do pós-humano. Belo Horizonte: Autentica, 2016.

LACAN, J. **O Estádio do Espelho como Formador da Função do Eu (1949)**. In: Escritos. Rio de Janeiro: Jorge Zahar, 1998. p. 96–103.

LACAN, J. **Alocação sobre as Psicoses da Criança (1967)** in Outros escritos. Rio de Janeiro: Zahar, 2003.

LACAN, J. **O seminário, livro 11:** os quatro conceitos fundamentais da psicanálise (1964). Rio de Janeiro: Zahar, 1985.

LACAN, J. **O Seminário, livro 20:** Mais ainda (1972-73). Rio de Janeiro: Zahar, 2008.

LACAN, J. **Conferência no Massachusetts Institute of Technology**. Scilicet, n. 6-7, 1975, p. 53-63. Disponível em: <http://aejcpp.free.fr/lacan/1975-12-02.htm>. Acesso em: 16 nov. 2018.

LATOUR, B. **Jamais Fomos Modernos:** ensaio de antropologia simétrica. Rio de Janeiro (RJ): Editora 34, 2009.

LE BRETON, D. **Adeus ao Corpo:** antropologia e sociedade. Campinas: Papirus, 2007.

LE BRETON, D. **Desaparecer de Si:** uma tentação contemporânea. 1. ed. Petrópolis, RJ: Editora Vozes, 2018.

LEBRUN, J.-P. **A Perversão Comum:** viver juntos sem outro. Rio de Janeiro: Campo Matêmico, 2008.

LÉVY, P.; NEVES, P. **O que é o Virtual?** São Paulo: Ed. 34, 2003.

LEVY, D. N. L. **Love + sex with robots:** the evolution of human-robot relationships. Pymble, NSW; New York, NY: HarperCollins e-books, 2007.

MASSON, C.; MEDEIROS, S. **Uma parábola literária para aproximar o universo virtual de Second Life. A Invenção de Morel:** fantásticas imagens. Psicologia Clínica, v. 19, n. 2, p. 11–21, 2007.

MEDEIROS, S. A. DE. **Estética, Angústia e Desejo:** uma abordagem psicanalítica sobre as doenças da beleza. Curitiba: Juruá Editora, 2012.

SAFATLE, V. **Fetichismo:** colonizar o outro. Rio de Janeiro: Civilização Brasileira, 2010.

SAFATLE, V. **Por um conceito "antipredicativo" de reconhecimento.** Lua Nova [online]. 2015, n.94, p. 79-116. Disponível em: <http://ref.scielo.org/mhxntj>. Acesso em 13 set. 2018.

SAMPAIO, L. S. C. **Lógica e Psicanálise:** nove ensaios. Instituto Cultura-Nova. Rio de Janeiro, 1989.

SEMIDÃO, Rafael A. M. **Dados, Informação e Conhecimento enquanto Elementos de Compreensão do Universo Conceitual da Ciência da Informação:** contribuições teóricas. Marília: UNESP, 2014. Disponível em: <https://repositorio.unesp.br/handle/11449/110783>.

Acesso em: 13 set. 2018.

SOUTO, G. B. **Blade Runner e o caçador de androides:** as narrativas da (pós) humanidade no gênero da ficção científica. Tese de pós-graduação em literatura e interculturalidade. Universidade Estadual da Paraíba, Campina Grande, 2014. Disponível em: <http://pos-graduacao.uepb.edu.br/ppgli/download/dissertacoes/Gabriela%20Souto.pdf>. Acesso em: 17 nov. 2018.

TORRES, Ronaldo. **Entrevista com Vladimir Safatle**. Stylus (Rio J.)  no.32 Rio de Janeiro jun. 2016. Disponível em: <https://goo.gl/VjD419>. Acesso em: 13 nov. 2018.

TURKLE, S. **Alone together: why we expect more from technology and less from each other.** Paperback first published ed. New York, NY: Basic Books, 2011.

VIRILIO, P. **O Espaço Crítico**. Rio de Janeiro: Editora 34, 1993.

# SOBRE O AUTOR

Hudson A. R. Bonomo é Psicanalista, participante da Escola Letra Freudiana (Ipanema-RJ) e membro da Apertura para otro Lacan (a.p.o.La) com sede na Argentina. É Pós-graduado em Clínica Psicanalítica pela Universidade Santa Úrsula (Botafogo-RJ). Seu percurso na psicanálise como extensão dialoga com outros saberes como a matemática, a física, a filosofia, a sociologia, entre outros. É Mestre em Ciências e Bacharel em Engenharia Mecânica pela Universidade Federal do Rio de Janeiro. Foi Consultor em Tecnologia da Informação por 16 anos.

Lattes: http://lattes.cnpq.br/1803722800530346
Facebook: @hudsonpsicanalista
Instagram: @hudsonpsicanalista
Twitter: @hudpsicanalista
Linkedin: linkedin.com/in/hudsonpsicanalista
e-Mail: hudsonletra@gmail.com

www.ingramcontent.com/pod-product-compliance
Lightning Source LLC
Chambersburg PA
CBHW070817240726
48654CB00007B/382